유니티를 몰라도 만들 수 있는

유니티 2D 게임 제작

저자 모리 요시나오
역자 김은철, 유세라

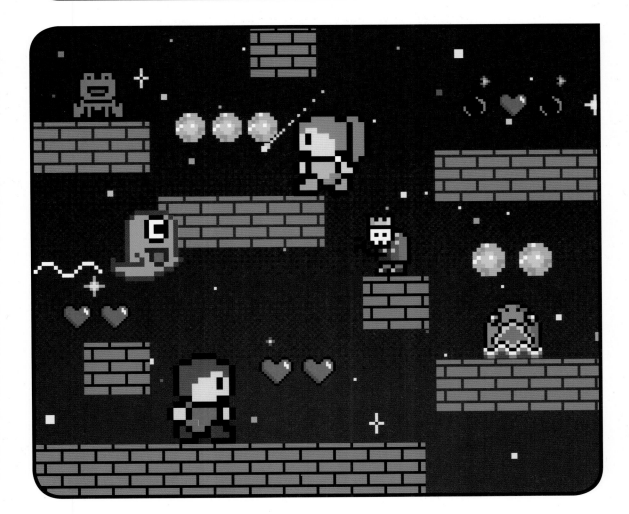

YoungJin.com Y.
영진닷컴

유니티를 몰라도 만들 수 있는

유니티 2D
게임 제작

TANOSHIKU MANABU Unity 2D CHONYUMONKOZA by Yoshinao Mori
Copyright ⓒ 2019 by Yoshinao Mori
All rights reserved.
Original Japanese edition published by Mynavi Publishing Corporation

This Korean edition is published by arrangement with Mynavi Publishing Corporation, Tokyo
in care of Tuttle-Mori Agency,Inc.,Tokyo,through Amo Agency, Seoul.

ISBN : 978-89-314-6340-8

독자님의 의견을 받습니다.
이 책을 구입한 독자님은 영진닷컴의 가장 중요한 비평가이자 조언가입니다. 저희 책의 장점과 문제점이 무엇인지, 어떤 책이
출판되기를 바라는지, 책을 더욱 알차게 꾸밀 수 있는 아이디어가 있으면 팩스나 이메일, 또는 우편으로 연락주시기 바랍니다.
의견을 주실 때에는 책 제목 및 독자님의 성함과 연락처(전화번호나 이메일)를 꼭 남겨 주시기 바랍니다. 독자님의 의견에 대해
바로 답변을 드리고, 또 독자님의 의견을 다음 책에 충분히 반영하도록 늘 노력하겠습니다.

이메일 : support@youngjin.com
주 소 : (우)08507 서울시 금천구 가산디지털1로 128 STX-V타워 4층 401호 (주)영진닷컴 기획1팀

파본이나 잘못된 도서는 구입하신 곳에서 교환해 드립니다.

STAFF
저자·본문 일러스트 모리 요시나오 | **북 디자인** 이와모토 미나코 | **편집** 카쿠타케 아키노리
역자 김은철, 유세라 | **총괄** 김태경 | **진행** 김민경 | **디자인** 김효정 | **편집** 김소연 | **영업** 박준용, 임용수, 김도현
마케팅 이승희, 김근주, 조민영, 이은정, 김예진, 채승희, 김민지 | **제작** 황장협 | **인쇄** SJ P&B

시작하며

이 책은 「Unity 초보자가 2D 게임을 만들기 위한 입문서」입니다.

「나도 Unity로 게임을 만들고 싶어」라고 생각하는 분은 많지 않을까요? 서점에 가면 Unity를 설명한 좋은 책이 많이 있습니다. 재미있어 보이는 책을 사와서 따라 해보며 샘플 게임을 만든 사람도 있을 것입니다. 그렇게 해서 그럴싸한 게임이 완성됐을 때 「이거면 나도 재미있는 게임을 만들 수 있을지도 몰라」하고 설렜을 것입니다.

그런데 막상 스스로 게임을 만들어 보려고 할 「어디서부터 만들면 좋을까?」「어떻게 생각해야 할지 모르겠다」라는 고민이 드는 경우가 많을 것입니다.

수많은 샘플 게임을 따라 만들어 봤는데도 이런 어려움을 겪는 이유는 많은 책이 재미있는 게임을 만들기 위해 「여러 가지 기법」을 구사하기 때문입니다. 게임 제작이란 매우 심오합니다. 재미를 추구하려면 개별적으로 생각해야 하는데 그 사고방식이 어렵거나, 다른 게임에 잘 맞지 않기도 합니다. 그것을 조금이라도 이해한 사람은 성취감을 느끼고 한 단계 더 나아가게 되지만 초보자는 오히려 거기에서 좌절하게 되기도 합니다.

그래서 이 책에서는 「게임의 재미 추구」는 잠시 미뤄두고, 「**간단한 게임이라도 스스로 생각해서 만드는 방법**」에 주목해서 설명합니다.

이 비법은 매우 간단합니다. 그것은 「**언제, 무엇을 할 것인가?**」라는 관점을 갖는 것입니다. 「**처음에 게임에 필요한 부품을 뽑아내고, 다음으로 각각은 「언제, 무엇을 할 것인가?」라는 역할을 생각해 나간다**」라는 방법입니다. 당연하다고 생각되지만 이것을 의식적으로 분명히 하는 것은 매우 중요합니다.

또한, 「**언제, 무엇을 할 것인가?**」라는 부분은 「**단순한 역할의 조합**」으로 만들어 나갑니다. 복잡한 움직임으로 보이는 게임도 정리하면 사실은 단순한 역할의 조합으로 이루어져 있다는 것이 보입니다.

그러므로 「**언제, 무엇을 할 것인가?**」 하나하나를 매우 단순한 프로그램으로 만들 수 있습니다. Unity에서는 C#이라는 프로그래밍 언어를 사용하는데 이 책에서는 그 언어를 몰라도 이해할 수 있을 정도로 단순한 프로그램을 사용합니다(이 책에서는 C# 언어의 공부를 하지 않을 정도입니다). 그만큼 단순하기 때문에 간단하게 조합할 수가 있고, 그렇기 때문에 **자신의 머리를 사용하여 게임을 구상할 여유**가 생기는 것입니다.

「**자신의 머리를 사용하여 구상한 게임**」은 만들면서는 즐겁고, 완성했을 때는 성취감과 각별한 감동을 선사합니다.

이 책에서는 굉장한 게임을 만들지는 않습니다. 하지만 「**자신의 힘으로 해낼 수 있는 범위의 게임**」을 만들 수 있습니다. 그러나 「**제대로 자신의 머리를 사용해서 게임을 만들었다**」는 사실이야말로 게임 제작의 첫걸음이며, 이런 자신감이 다음 작품으로 나아가게 하는 원동력이 됩니다.

이 책이 여러분에게 스스로 게임을 만드는 즐거움을 맛볼 수 있는 계기가 되면 좋겠습니다.

2019년 1월 모리 요시나오

번역가의 말

게임은 스마트폰을 사용하는 사람들이 지금도 가장 많이 시간을 보내는 한 분야입니다. 이전에는 일일이 게임 프로그래밍을 코딩해야 했지만, 지금은 유니티라는 개발 툴을 사용해 많은 부분들을 자동화하고 대체할 수 있게 되었습니다. 예를 들어 물체에 중력가속도를 주어 낙하할 수 있게 하거나, 회전시키거나, 다양한 효과를 주거나 할 수 있습니다. 또한, 유니티가 제공하는 인공지능(ML-Agents) 기능을 통해 컴퓨터와 사람 간의 대전에서 사람의 행동을 그대로 학습하게 할 수도 있습니다.

이전에는 프로그래머가 한 번 만들면 컴퓨터의 게임 능력은 그에 한정되었지만, 인공지능 게임을 만들면 사람과 대전하면서 학습하기 때문에 컴퓨터 스스로 게임 능력을 높여가게 됩니다.

주변의 프로그래머들 중에 모바일 게임이나 랩톱, 콘솔 게임이 좋아서 게임 개발자가 되고 싶다는 막연한 꿈을 꾸다가 프로그래머가 됐다는 지인들이 많습니다. 아마 이 책을 서점에서 손에 들고 현재 이 페이지를 읽고 있는 여러분들 중, 누군가도 그런 꿈을 꾸고 이 책을 들지 않았을까요?

그렇다면 제대로 이 책을 읽고 있는 것입니다.

이 책이 안내하는 대로 따라하기만 해도 그럴듯한 게임이 만들어집니다. 유니티의 가장 큰 장점이라고도 할 수 있겠죠.

처음부터 완벽하게 C# 코드를 이해하지 않아도 됩니다. 처음에는 만들어 보고 움직이는 걸 확인하고 나서 살펴보면 쉽게 이해가 됩니다. 이 책은 이러한 요구에 적합한 책입니다.

유니티의 기초인 유니티 2D를 통해, 내가 만들어보고 싶은 게임을 만들 수 있는 그 재미를 느껴보길 바랍니다. 또한, 유니티 이 책을 통해 진정한 게임 개발 전문가가 되시기를 바랍니다.

끝으로 책이 나올 수 있도록 도움을 주신 영진출판사 관계자 분들께 감사드립니다.

2021년 1월 김은철, 유세라

목차

이 책의 샘플 파일에 대해서

이 책에서 설명하는 샘플 파일은 영진닷컴 홈페이지에서 다운로드할 수 있습니다.
[영진닷컴] 홈페이지 – [부록 CD 다운로드]

● 실행 환경

• Unity : 이 책에서는 Unity Personal을 사용해서 설명합니다.
• 하드웨어 환경, 소프트웨어 환경 : Unity Personal의 동작 환경에 준합니다.
  자세한 설명은 Unity 공식 사이트 (https://unity.com/kr)를 확인하세요.

● 배포 파일

• 이미지 파일
• 스크립트 파일
• 테스트용 프로젝트

이 책에서 준비한 샘플 이미지

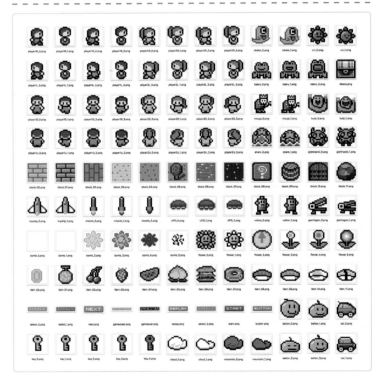

자세한 사용법은 이 책 안의 설명을 참조하세요.
샘플 파일의 이미지 데이터나 그 외의 데이터의 저작권은 저자가 소유합니다. 이 데이터는 어디까지나 독자의 학습 용도로
제공하므로 개인에 의한 학습 용도 이외의 사용을 금합니다. 허가없이 배포할 수 없습니다.
이미지 데이터에 관해서는 데이터의 재배포나 원본 또는 개조해서 재사용하는 걸 일절 금지합니다.
스크립트에 관해서는 개인적으로 사용하는 경우는 개조나 유용은 자유롭게 할 수 있습니다.
이 책에 기재되어 있는 내용이나 샘플 데이터의 운용으로 어떠한 손해가 생겨도 출판사 및 저자는 책임을 지지 않으므로
미리 양해 부탁드립니다.

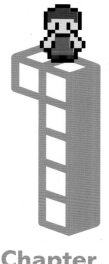

Chapter 1

Unity란?

Unity는 게임을 만드는 소프트웨어

「게임하는 쪽」에서 「만드는 쪽」으로

여러분 어떤 게임을 좋아하나요?

달리고 점프해서 골을 노리는 **액션 게임**? 머리를 사용해서 수수께끼를 푸는 **수수께끼 게임**? 경험치를 늘려 길을 개척해 나가는 **롤플레잉 게임**? 잠시 쉴 때 하는 **캐주얼 게임**? 그 외에도 **퍼즐 게임, 슈팅 게임, 레이스 게임, 리듬 게임, 위치 게임** 등 여러 가지 종류가 있고 생각해보면 끝이 없습니다.

그럼 이러한 게임들을 어떤 곳에서 플레이하나요? 주머니에서 **스마트폰**을 꺼내서 하는 경우도 있을 테고, 집에 놓은 **가정용 게임기**로 플레이하는 경우도 있습니다. 쉬는 시간에 **컴퓨터**로 플레이하는 경우가 있을 수도 있습니다. 바야흐로 여러 가지 종류의 게임을 여러 장소에서 플레이할 수 있는 시대가 왔습니다.

항상 플레이하는 게임을 내 손으로 만들 수 있으면 재미있겠다는 생각이 들지 않나요? 「게임하는 쪽」에서 「만드는 쪽」이 되어 보는 것입니다.

▲ https://unity.com/solutions/game

그런데 게임을 만드는 건 대기업에서 여러 명이 몇 개월에 걸쳐 만드는 것이니까, 개인이 만드는 건 불가능할 것 같지 않지만 그렇지 않습니다. 게임에는 여러 가지 종류가 있습니다. 작은 게임이라면 개인도 만들 수 있습니다. 그리고, **「게임 제작은 게임을 플레이하는 것과는 또 다른 즐거움」**이 있습니다. 게임 제작은 신기하게 아무리 작은 게임이라도 동작하는 순간 감동받습니다. 스스로 생각한 게임이 실제로 눈앞에서 동작하니까. 자신의 손으로 만들어 낼 수 있는 체험은 스스로에게 용기를 줍니다.

자, 그런 게임을 만들어 볼까요?

요즘 시대엔 게임을 만드는 도구는 여러 가지가 있습니다. 그중에서도 가장 뛰어난 것이 Unity입니다. Unity는 **게임을 만들기 위해 생겨난 소프트웨어**입니다.

여러 종류의 게임을 만들 수 있습니다. 물리 엔진으로 사실적인 액션 게임이나 레이스 게임도 만들 수 있고, 머리를 사용하는 퍼즐 게임도 만들 수 있습니다. 3D 게임뿐만 아니라, 2D 게임도 만들 수 있습니다.

또한, 멀티플랫폼 대응이어서 다양한 하드웨어용 게임을 만들 수 있습니다. PC용 게임, 스마트용 게임, PS4

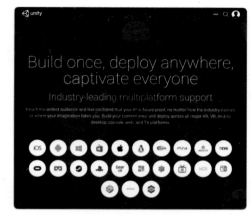

▲ https://unity3d.com/unity/features/multiplatform

와 Switch 등의 게임기용 게임도 만들 수 있습니다. 게임 제작에 특화한 편리한 소프트웨어입니다.

그러므로 Unity는 실제로 프로가 사용하고 있습니다. 하지만 초보자도 사용할 수 있습니다. 고도의 기술이 적용되는 상용 게임부터 초보자가 만드는 수제 게임까지 여러 가지 게임을 만들 수 있습니다.

이 책에서는 **처음으로 게임을 만드는 초보자**를 대상으로 쉬운 2D 게임의 제작 방법을 설명합니다.

3D 게임은 외관이 멋지고 재미있지만 3D 모델을 이해하고 만들거나 컨트롤해야 하기 때문에 「게임 제작 방법의 기본」 외에도 할 것이 많습니다. 2D 게임이면 「게임 제작 방법의 기본」에만 집중할 수 있어 간단합니다. 게다가 「게임 제작 방법의 기본」을 이해할 수 있으면 3D 게임을 만들 때에도 응용할 수 있습니다.

그럼, Unity로 즐겁게 2D 게임을 만들어 봅시다.

멀티플랫폼 대응

Unity는 멀티플랫폼을 대응하므로 여러 가지 소프트웨어용으로 게임을 만들 수 있습니다.

- **모바일용** : iOS, Android, Fire OS
- **데스크톱용** : Windows, Mac, Linux, Facebook Gameroom
- **콘솔용** : PlayStation 4, PlayStation Vita, XBox One, Nintendo Switch, Nintendo 3DS
- **Web용** : WebGL
- **VR/AR용** : Oculus Rift, Playstation VR, Gear VR, Apple ARKit, Google ARCore

2D 게임 개발에 필요한 것은?

2D 게임을 만드는 데 무엇이 필요할까요? 그것은 한마디로 말하면 **그림**과 **프로그램**입니다.

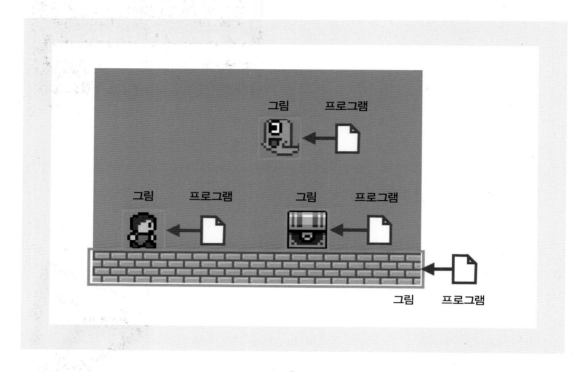

그림은 게임 중에 등장하는 캐릭터, 배경, 아이템, 버튼 등 눈에 보이는 모든 것입니다. 2D 게임의 화면은 「그림」을 화면에 나열해서 만듭니다.

안타깝게도 이 「그림」은 Unity로 만들 수 없기 때문에 따로 준비해야 합니다. 그림을 잘 그린다면 「CLIP STUDIO Paint」나 「Adobe Photoshop CC」 등의 그래픽 소프트웨어를 사용해 직접 그림을 그려서 준비합시다.

그렇지 않다면 그림을 찾아서 사용하는 방법이 있습니다. 이 책에서도 샘플 그림을 준비합니다. 영진닷컴 홈페이지에서 샘플 그림을 다운로드해서 받아 놓으세요.

다음으로 중요한 것이 **프로그램**입니다. 화면에 배치한 「그림」을 어떻게 움직일지를 결정하는 명령입니다. Unity에서는 프로그램을 **스크립트**라고 부릅니다. 프로그래밍 언어는 「C#」을 사용합니다.

C#은 일반적인 프로그래밍 언어로, 제대로 학습하려면 그것만으로 한 권의 책이 될 정도로 깊이가 있

는 프로그래밍 언어입니다. 지금 당장 게임을 만들어 보고 싶은데 먼저 C# 언어부터 공부해야 하는 건 조금 힘들겠죠?

하지만 안심하세요. Unity에서는 C#은 사용하지만 「Unity 특유의 사용법」으로 C#을 완전히 이해하지 않아도 사용할 수 있습니다.

그러므로 이 책에서는 C# 언어의 문법 공부는 하지 않고 바로 게임을 만드는 부분부터 시작합니다.

C# 언어를 몰라도 이해할 수 있을 정도의 간단한 명령만을 사용해 만듭니다. 실제로 저는 아주 평범한 고등학생들에게 가르쳐 본 적이 있었는데 프로그래밍을 해본 적이 없었음에도 의미를 이해하고, 수정하고, 즐겁게 게임을 만들 수 있었습니다. 그러니까 분명히 여러분도 괜찮습니다. 먼저 접하는 것부터 시작합시다. 그리고 조금 더 자세하게 알고 싶어지면 그때 C#을 공부해보세요. 깊이 있고 재미있는 언어랍니다.

프로그래밍 언어

이전에 Unity의 프로그래밍 언어는 C#과 Java Script가 있었지만, 지금은 C#뿐입니다. 둘 다 스크립트라고 부릅니다.

「게임을 시나리오대로 동작시키기 위한 것」이며, 「컴파일 하지 않고 동작한다」는 의미로 스크립트라고 불립니다.

설치

무료판, 유료판의 차이

그럼 Unity를 시작합시다. 먼저 Unity 설치부터 합니다.

Unity에는 무료판 **Personal**과 **Student** 에디션, 유료판 **Unity Plus**, **Unity Pro**, **Enterprise** 에디션이 있습니다. 그러나 차이점은 거의 없습니다. 무료판은 실행 시에 Unity 로고가 항상 표시되지만, 유료판에서는 지울 수 있는 정도의 차이입니다. 어떤 것을 사용할지는 사용하는 사람의 연간 수입 금액으로 결정됩니다.

수입이나 자산이 연간 10만 달러를 넘지 않는 사람은 Personal이나 Student를 무료로 사용할 수 있습니다. 학생이나 이제부터 게임 개발을 시작하려는 입문자용입니다. 게임을 판매하고 매출이 연간 10만 달러에서 20만 달러가 되면 Unity Plus를 사용합니다. 또 매출이 연간 20만 달러 이상으로 늘어나면 Unity Pro나 Enterprise 에디션을 사용합니다. 입문자에게 호의적이며, 업무용으로 사용하더라도 매출에 따라 금액을 지불하면 되는 양심적인 시스템입니다.

지금부터 Unity 공부를 시작하려는 사람은 무료판 Personal을 사용합시다.

Figure : **1.2.1** 다운로드 페이지

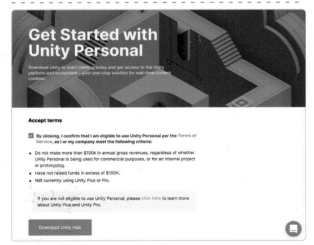

Personal	무료, 매출이 연간 10만 달러 미만. 초보자용
Unity Plus	월 48,000원, 매출이 연간 10만~20만 달러. 개인 개발자용
Unity Pro	월 180,000원, 매출이 연간 20만 달러 이상. 전문가용
Enterprise	월 240,000원, 기업용

다운로드해서 설치

먼저 공식 사이트에 접속해서 인스톨러를 다운로드하는 부분부터 시작합니다.

Windows판

① 공식 사이트(https://unity.com/kr)에 접속해서 [시작하기]를 클릭하고, [개인] 탭에서 무료 [Personal]의 [시작하기]를 클릭합니다.

Figure : **1.2.2**

Figure : **1.2.3**

② 첫 사용자와 재방문 사용자 선택 사항 중, 재방문 사용자의 [여기로 이동하기]를 클릭합니다. 이 책에서는 표준 Unity 설치 프로그램을 다운로드하고 설치하는 방식으로 진행합니다.

Figure : **1.2.4**

③ 약관을 확인한 후 동의에 체크하고 [Download Unity Hub]를 클릭합니다.

Figure : 1.2.5

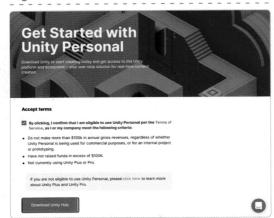

④ 다운로드한 UnityHubSetup.exe를 더블 클릭하면 뜨는 창에 사용권 계약을 확인한 다음 [동의함]을 클릭합니다.

Figure : 1.2.6

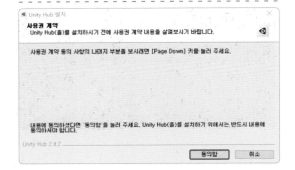

⑤ Unity Hub를 설치할 위치를 선택하고 [설치]를 누릅니다.

Figure : 1.2.7

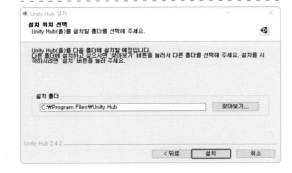

6 잠시 Unity Hub 설치를 실행합니다.

Figure : **1.2.8**

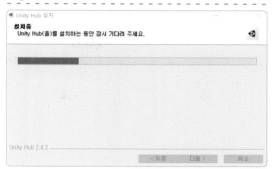

7 Unity Hub 설치가 완료되면, [마침]을 누릅니다.

Figure : **1.2.9**

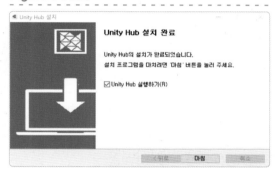

8 Unity Hub가 설치되었습니다. 다음 단계에서 유니티를 설치합니다.

Figure : **1.2.10**

⑨ [설치] 탭에서 오른쪽 상단의 파란색 [추가]를
클릭합니다.

Figure : **1.2.11**

⑩ 최신 유니티 버전을 선택합니다. 이 책의 원
도우 환경에서 설치하는 버전은 Unity 2020.
1.12f1이고, 2019.3.0f6에서 실습합니다.

※ **역자주** : 번역 시점의 차이로 설치와 실습의 버전이 달라
졌으나, 실습하는 데 전혀 문제가 없습니다. 자신이 원하
는 최신 버전을 선택해서 실습해보세요.

Figure : **1.2.12**

⑪ 기본 설정을 그대로 두고 [다음]을 클릭합니다.

Figure : **1.2.13**

⑫ 최종 사용자 라이선스를 확인하고 동의에 체크한 후, [다음]을 클릭합니다.

Figure : **1.2.14**

⑬ 선택한 버전의 유니티가 다운로드 및 설치됩니다.

Figure : **1.2.15**

⑭ 설치가 완료됩니다.

Figure : **1.2.16**

Figure : **1.2.17**

Mac판

① 공식 사이트(https://unity.com/kr)에 접속해서 [시작하기]를 클릭하고, [개인] 탭에서 무료 [Personal]의 [시작하기]를 클릭합니다.

Figure : **1.2.18**

Figure : **1.2.19**

② 첫 사용자와 재방문 사용자 선택 사항 중, 재방문 사용자의 [여기로 이동하기]를 클릭합니다. 이 책에서는 표준 Unity 설치 프로그램을 다운로드하고 설치하는 방식으로 진행합니다.

Figure : **1.2.20**

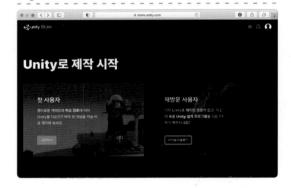

③ 약관을 확인한 후 동의에 체크하고 [Download Unity Hub]를 클릭합니다.

Figure : **1.2.21**

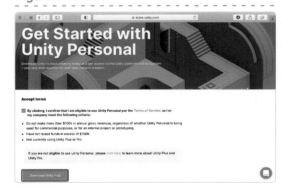

④ 다운로드한 UnityHubSetup.dmg를 더블 클
릭하면 뜨는 창에 라이센스를 확인한 다음
[Agree]를 클릭합니다.

Figure : **1.2.22**

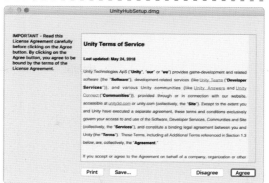

⑤ Unity Hub를 응용 프로그램 폴더로 드래그
앤 드롭합니다.

Figure : **1.2.22**

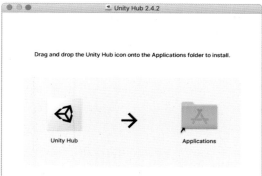

⑥ 응용 프로그램 폴더의 Unity Hub를 더블 클
릭합니다.

Figure : **1.2.24**

7 오른쪽 상단의 파란색 [추가]를 클릭해서 유니티를 설치합니다.

Figure : **1.2.25**

8 최신 유니티 버전을 선택합니다. 이 책의 맥 환경에서 설치하는 버전은 Unity 2020.1.12f1 이고, 2019.3.0f6에서 실습합니다.

※ **역자주** : 번역 시점의 차이로 설치와 실습의 버전이 달라졌으나, 실습하는 데 전혀 문제가 없습니다. 자신이 원하는 최신 버전을 선택해서 실습해보세요.

Figure : **1.2.26**

9 기본 설정 그대로 두고 [다음]을 클릭합니다.

Figure : **1.2.27**

10 최종 사용자 라이선스를 확인하고 동의에 체크한 후, [완료]를 클릭합니다.

Figure : **1.2.28**

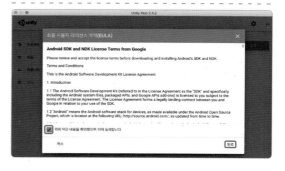

⑪ 선택한 버전의 유니티가 다운로드 및 설치됩
니다.

Figure : **1.2.29**

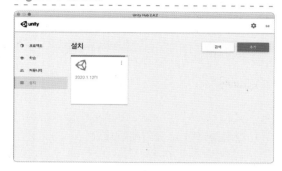

⑫ 설치가 완료됩니다.

Figure : **1.2.30**

⑬ 계정이 없는 경우는 오른쪽 위의 사람 모양
아이콘을 누르고, 아래의 [로그인]을 눌러 계
정을 만듭니다.

Figure : **1.2.31**

⑭ [새로 ID를 만드세요.]를 클릭합니다.

Figure : **1.2.32**

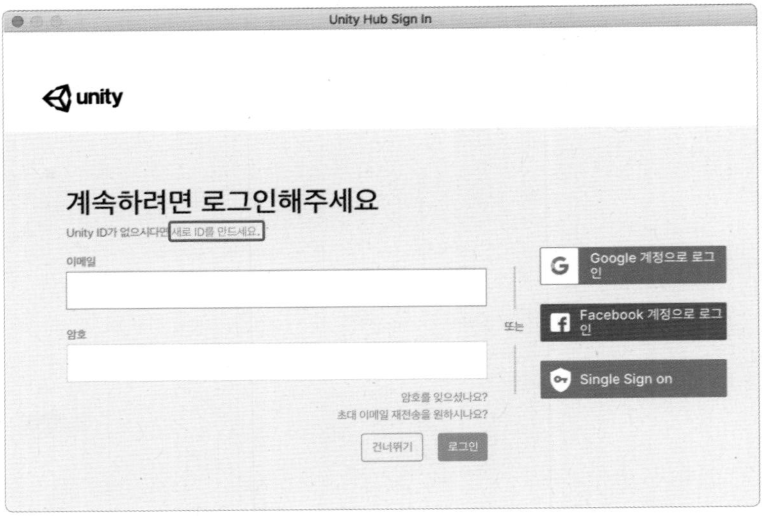

⑮ 사용자 정보를 등록하는 화면이 나오면 계정 등록에 필요한 정보를 입력합니다. 내용을 입력한 후에 등록한 이메일로 메일이 오면 링크를 따라 확인을 합니다. 등록한 메일 주소와 비밀번호로 로그인합니다. 이로써 유니티를 사용할 준비를 갖췄습니다.

Figure : **1.2.33**

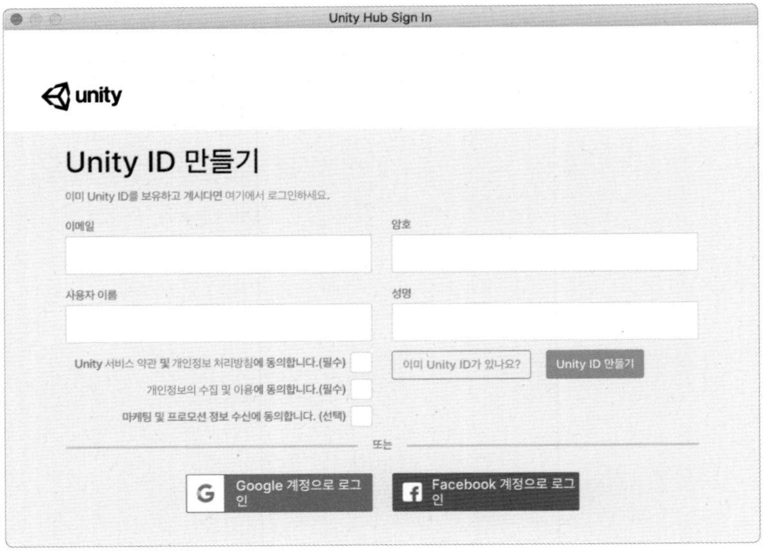

1.3
그래픽 소프트웨어로부터
이미지 꺼내는 방법

Unity는 여러 파일 형식(BMP, EXR, GIF, HDR, IFF, JPG, PICT, PNG, PSD, TGA, TIFF)의 이미지를 읽어 들여서 사용할 수 있습니다. 이 책에서는 일반적으로 투과(배경을 투명화)할 수 있는 형식인 **PNG**를 사용합니다. 다른 그래픽 소프트웨어로 그림을 그려서 준비할 때는 이러한 파일 형식으로 만듭시다. 몇 가지 그래픽 소프트웨어에서 PNG 형식으로 뽑아내는 방법을 설명합니다.

CLIP STUDIO PAINT
클립 스튜디오 페인트에서는 PNG 형식으로 뽑아낼 수 있습니다.

① 이미지를 준비합니다. 용지 레이어는 비표시로 해둡니다.

Figure : **1.3.1**

② 메뉴의 [파일] → [복제 저장] → [.png(PNG)...]를 선택합니다.

Figure : **1.3.2**

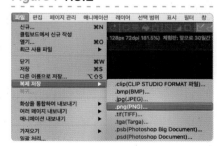

Adobe Photoshop CC

그대로 뽑아낸 PSD 파일도 사용할 수 있지만, PNG 형식으로 뽑아낼 수도 있습니다.

1 이미지를 준비합니다.

Figure : **1.3.3**

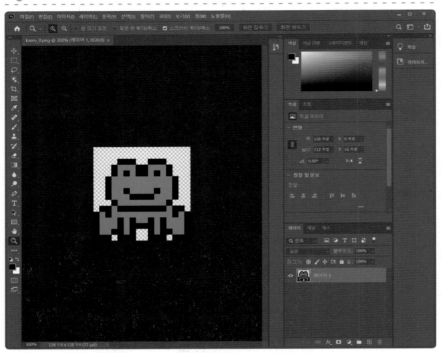

2 메뉴의 [파일] → [내보내기] → [PNG으(로) 빠른 내보내기]를 선택합니다.

Figure : **1.3.4**

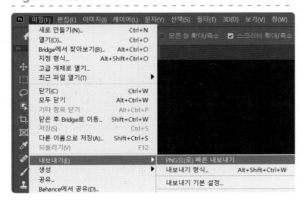

Adobe Animate CC

애니메이션 툴이므로 애니메이션을 연속된 번호로 꺼내면 Unity상에서 플립북으로 동작시킬 수 있습니다.

1 애니메이션을 준비합니다.

Figure : **1.3.5**

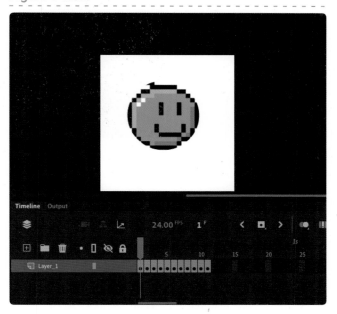

2 메뉴의 [File] → [Export] → [Export Movie...]를 선택합니다.

Figure : **1.3.6**

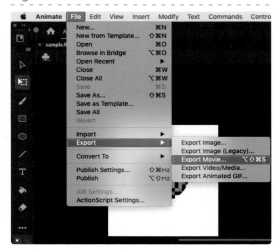

❸ 저장 위치의 폴더를 지정하고 나서 파일 형식에 [PNG Sequence(*.png)]를 선택하고 [Save]를 클릭합니다. 다음에 표시되는 Export PNG 대화상자에서 [Export]을 선택하면 이미지를 연속된 번호로 꺼냅니다.

Figure : **1.3.7**

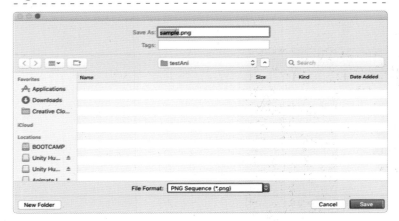

Figure : **1.3.8**

Figure : **1.3.9**

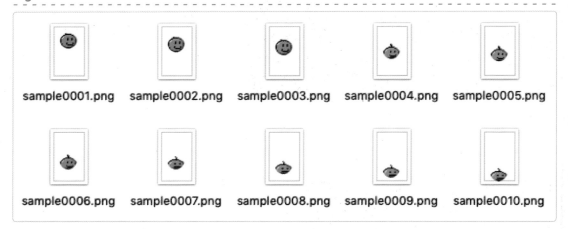

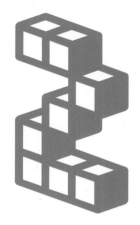

Chapter 2

체험해보자

프로젝트를 만들고 시작

첫 번째로 프로젝트를 만든다

Unity를 설치했으면 바로 실행해 봅시다. 이 챕터에서는 간단한 것을 실제로 만들어 보면서 「Unity 조작 방법」과 「게임 제작의 기본적인 흐름」을 소개합니다.

게임 제작은 먼저 「**프로젝트**」를 만드는 것부터 시작합니다.

프로젝트란 **어떤 게임을 만들기 위해 필요한 파일을 모두 모아서 넣은 폴더**입니다. 게임을 만드는 데 필요한 이미지 파일, 스크립트 파일, 설정 파일 등 모든 것이 들어있습니다.

① 프로젝트를 새로 작성합니다

Unity Hub를 실행하고, 오른쪽 위의 파란색 [새로 생성]을 누릅니다. 누르면 그림 2.1.2와 같이 신규 프로젝트의 대화상자가 표시됩니다. [프로젝트 이름]에 「testGame」이라고 입력합시다. [템플릿]은 [2D]를 선택하고, [저장 위치]에 프로젝트 폴더의 저장 위치를 지정하고, [생성]을 클릭합니다.

Figure : **2.1.1** 프로젝트의 신규 작성 -

Figure : **2.1.2** 프로젝트 대화상자

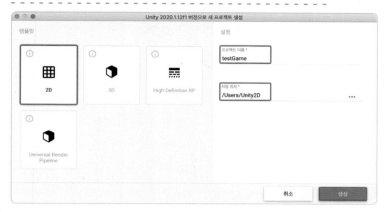

이 프로젝트 폴더 자체가 프로젝트로 들어가는 입구가 됩니다. 다음 실행 시 이어서 하고 싶을 때는 위의 [추가]를 누른 후, 이 폴더를 지정해서 실행할 수 있습니다.

Figure : **2.1.3** 대화상자의 Open

※ Unity Hub를 실행하면 나타나는 대화상자에 프로젝트의 이력이 표시되므로 그걸 더블 클릭해서 실행해도 이어서 할 수 있습니다.

다른 컴퓨터에서 개발을 이어서 하고 싶을 때

만든 프로젝트를 다른 컴퓨터로 가져가고 싶을 때는 프로젝트의 폴더를 통째로 복사합니다. 개발 환경이 달라도 이 폴더를 열어 프로젝트를 실행시키면 개발을 이어나갈 수 있습니다. 만약 OS가 다르거나

Unity의 버전이 다르면 「이전과 다른 환경에서 열려고 하는데 괜찮습니까?」, 라는 의미의 확인 대화상자가 표시됩니다.

2.2

화면 설명

실행 직후의 화면

프로젝트를 만들면 Unity 화면이 표시됩니다. Unity의 화면은 5개의 창으로 구성되어 있습니다. 각각 창의 역할을 살펴봅시다.

Figure : **2.2.1** Unity 화면

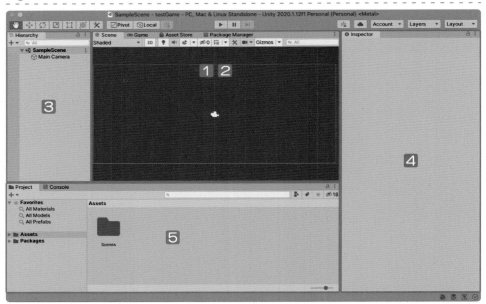

1️⃣ **씬 뷰 : 게임의 화면을 만드는 부분**입니다. 여기에 게임 오브젝트를 배치해 나갑니다. 흰색 테두리 안이 표시되는 영역입니다.

2️⃣ **게임 뷰 : 게임 플레이할 때 확인하는 화면**입니다. 씬 뷰와 게임 뷰는 겹쳐 있기 때문에 탭을 선택 해서 전환합니다.

3️⃣ **하이어라키 창 : 씬에 등장하는 것의 리스트**입니다. 등장하는 게임 오브젝트는 이름으로 찾을 수 있어서 겹쳐저서 보이지 않아도 이 리스트에서 선택할 수 있습니다.

④ **인스펙터 창** : 선택한 것에 대한 자세한 정보입니다. 선택한 것에 따라 표시가 바뀝니다.

⑤ **프로젝트 창** : 게임에 필요한 것을 넣어두는 창고입니다. 이미지, 스크립트, 애니메이션, 씬 등 모든 것이 들어있습니다.

창의 레이아웃

Unity 화면을 구성하는 창의 레이아웃을 변경할 수 있습니다.

부팅 직후 창의 레이아웃은 Default인데, 메뉴 [Window]→ [Layouts]에서 다른 레이아웃으로 전환할 수 있습니다. 사용하기 편한 레이아웃을 선택합시다. 창의 나열이 이상할 때는 메뉴 [Window]→ [Layouts]→ [Default]를 선택하면 원래의 나열로 되돌아갑니다.

Figure : 2.2.2 메뉴

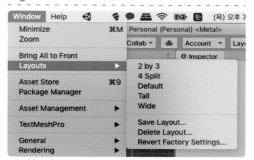

Figure : 2.2.3 2 by 3

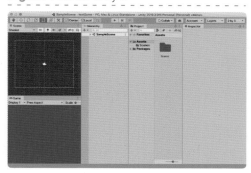

Figure : 2.2.4 Wide

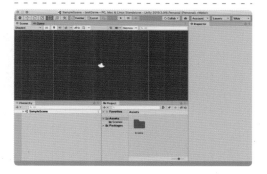

화면 크기를 선택하는 방법

게임 화면을 만들기 시작하기 전에 먼저 화면의 크기를 결정합시다.

Unity는 「Free Aspect」가 기본값으로 되어 있는데 이것은 개발 환경에 따라 화면 크기가 자유롭게 변화하는 설정입니다. 유용한 기능이지만 초보자가 만들 때는 화면을 고정된 크기로 설정하는 것이 더 좋습니다.

❷ 화면 크기를 결정한다

[Game] 탭을 클릭하고 [게임 뷰]를 표시합니다. 왼쪽 위에 있는 설정 메뉴에서 [Standalone(1024 ×768)]을 선택합시다. 이로써 1024×768 고정 화면 크기가 됩니다.

Figure : 2.2.5 standalone

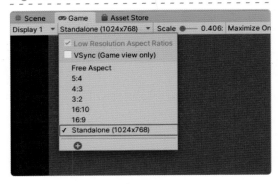

화면 크기의 커스터마이즈

[게임 뷰] 왼쪽 위 화면 크기 설정 메뉴의 가장 아래에는 「+」버튼이 있습니다. 이것을 클릭하면 원하는 비율(Aspect Ratio)이나 픽셀 수(Fixed Resolution) 항목을 추가할 수 있습니다.

Figure : 2.2.6 화면 크기 메뉴

필요할 때 사용하는 창

Unity는 처음에 기본적인 창이 표시되어 있는데 그것 외에도 필요할 때만 일시적으로 표시하는 창도 있습니다.

애니메이션 창 : 어떤 동작의 애니메이션을 만들거나 조정할 때에 사용합니다.

Figure : **2.2.7** 애니메이션 창

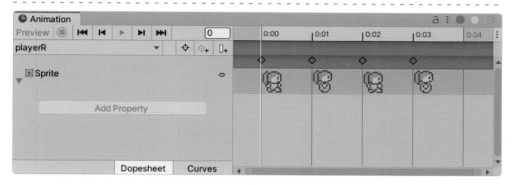

애니메이터 창 : 어떤 게임 오브젝트가 실시하는 특정한 동작을 설정할 때에 사용합니다.

Figure : **2.2.8** 애니메이터 창

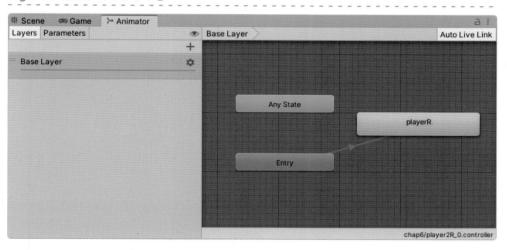

콘솔 창 : 스크립트가 제대로 동작하고 있는지를 확인하기 위해서 디버그 표시를 할 때에 사용합니다.

Figure : **2.2.9** 콘솔 창

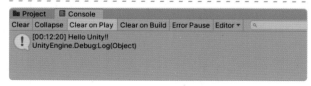

게임 오브젝트란?

게임 오브젝트는 게임의 부품

그럼 게임 화면을 만들어 나갑시다.

게임 화면에는 여러 가지가 필요합니다. 「플레이어 캐릭터」 「적 캐릭터」 「아이템」 「바닥」 「게임 오버」 등 게임 내에 등장하는 모두를 **게임 오브젝트**라고 합니다.

Figure : **2.3.1**

2D 게임에서 게임 오브젝트는 기본적으로 이미지로 이뤄져 있습니다. 이미지를 씬에 배치해서 게임 화면을 만듭니다.

화면은 가로 방향이 x축, 세로 방향이 y축, 중앙이 원점(0, 0)입니다. 모눈이 표시되어 있는데, 이것이 x축, y축의 눈금을 나타냅니다. 중앙의 좌표는 (0, 0), 모눈 한 개만큼 오른쪽 위로 이동한 위치의 좌표는 (1, 1)입니다. 캐릭터를 스크립트에서 오른쪽으로 1 이동하도록 명령하면 이 모눈 한 개만큼 오른쪽으로 이동합니다.

Figure : **2.3.1**

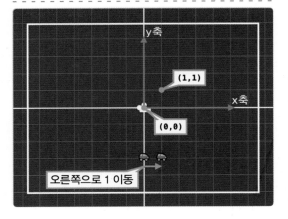

화면 크기를 [Standalone(1024×768)]으로 할 때는 모눈은 세로 5~-5, 가로 6.7~-6.7 정도입니다. 이것은 카메라 설정에 의한 것으로 Main Camera를 선택하면 [인스펙터 창]-[Camera]-[Size]가 5인 것을 알 수 있습니다. 이것이 세로 모눈을 나타내는 것입니다. 그리고 가로는 화면의 비율로 인해 자동적으로 6.666.. 이 됩니다. 이 Size 값을 바꾸면 표시하는 범위가 바뀝니다.

Figure : **2.3.3**

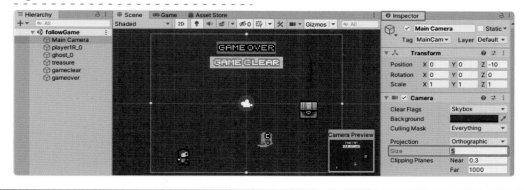

컴포넌트를 적용해서 사용한다

게임 오브젝트를 나열해서 게임 화면을 만든 것만으로는 게임이 되지 않습니다. 게임 오브젝트 하나하나가 기능을 갖고 동작해야 비로소 게임이 됩니다.

이 「게임 오브젝트에 붙이는 기능」을 「**컴포넌트**」라고 합니다.

단지, 화면에 놓아둔 캐릭터 이미지에 「사용자가 위, 아래, 왼쪽, 오른쪽 키를 누르면 그 방향으로 나아가는 기능」이나 「적과 충돌하면 게임이 정지하는 기능」 등 여러 가지 컴포넌트를 추가해서 게임이 되는 것입니다. 게임 오브젝트에 컴포넌트를 추가하는 것을 「**적용한다(어태치한다)**」라고 합니다.

컴포넌트에는 **이미 준비돼 있는 컴포넌트**와 **자신이 만드는 컴포넌트**가 있습니다.
이미 준비돼 있는 컴포넌트는 다음과 같습니다.

Transform	위치, 회전 각도, 크기를 정하는 컴포넌트
Sprite Renderer	2D 이미지를 게임 오브젝트로서 표시하는 컴포넌트
Rigidbody2D	2D 물리 엔진으로 동작시키기 위한 컴포넌트
Box Collider 2D	2D 물리 엔진으로 사각 충돌 판정을 하는 컴포넌트
Circle Collider 2D	2D 물리 엔진으로 원형 충돌 판정을 하는 컴포넌트

이 중 **Transform**과 **Sprite Renderer**는 게임 오브젝트에는 반드시 필요한 것이므로 처음부터 적용되어 있습니다. [인스펙터 창]을 보면 처음부터 붙어 있는 걸 알 수 있습니다.

자신이 만드는 컴포넌트는 「스크립트」로 만듭니다. 다양한 컴포넌트를 스크립트로 만들어 실제 게임을 만들어 갑니다.

이 컴포넌트는 스스로 만든 것 외에도 다른 사람이 만든 것을 읽어 들여 이용할 수도 있습니다.

Figure : **2.3.4**

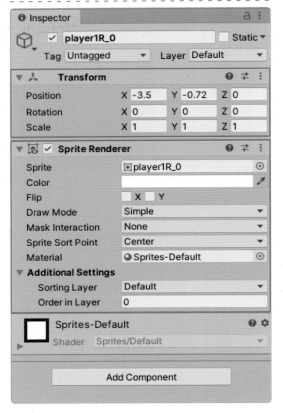

기본적인 사용 방법

게임 오브젝트 만드는 방법

그럼, 게임 화면에 이미지를 놓고 게임 오브젝트를 만들어 봅시다.

③ 먼저, 캐릭터로 사용할 이미지 파일을 준비합니다(이미지가 없을 때는 영진닷컴 홈페이지에서 샘플 이미지를 다운로드해서 사용하세요).

④ [프로젝트 창]으로 드래그 앤 드롭합니다.

⑤ [씬 뷰]로 드래그 앤 드롭합니다.

```
폴더 관리
프로젝트 내용이 많아지면 폴더별로
만들어 관리할 수 있습니다.
```

Figure : **2.4.1**

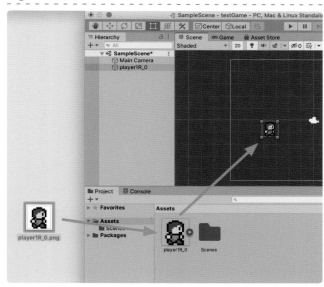

씬의 조작 방법

게임 화면을 만들 때, 씬의 위치나 크기를 바꾸면서 만듭니다. 그 조작 방법을 살펴봅시다. 각각 몇 가지 방법이 있습니다.

씬 그 자체를 이동할 때

Figure : 2.4.2 씬의 이동

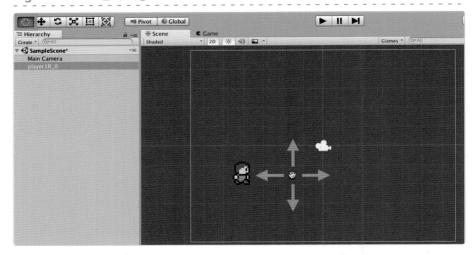

- 마우스의 오른쪽 버튼을 누른 채로 드래그
- [Alt](Mac은 [Option]) + 마우스 왼쪽 버튼을 누르면서 드래그
- [핸드 툴]을 선택하고 마우스 왼쪽 버튼을 누르면서 드래그

씬을 줌 인 · 아웃할 때

Figure : 2.4.3 씬의 줌 인 · 아웃

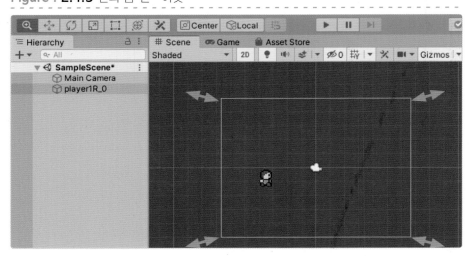

- 마우스의 휠 회전
- [Alt](Mac은 [Option]) + 마우스 오른쪽 버튼을 누르면서 드래그

오브젝트를 중앙에 표시할 때

Figure : **2.4.4** 오브젝트를 중앙에 표시

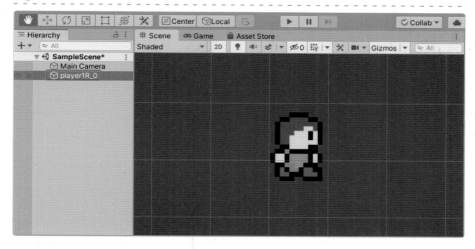

- [하이어라키 창]에서 오브젝트 이름을 더블 클릭
- [씬 뷰]에서 오브젝트를 선택하고, F 키

게임 화면 전체를 중앙에 표시할 때

Figure : **2.4.5** 게임 화면 전체를 중앙에 표시

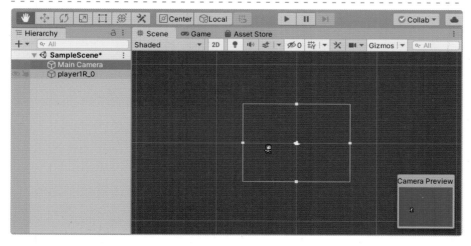

- [하이어라키 창]에서 Main Camera를 더블 클릭
- [씬 뷰]에서 Main Camera를 선택하고, F 키

게임 오브젝트의 조작 방법

게임 오브젝트를 씬에 배치할 때 게임 오브젝트의 위치, 크기를 바꾸면서 만듭니다. 그 조작 방법을 살펴봅시다.

게임 오브젝트를 이동할 때

- [Move Tool]을 선택하고, 중앙의 사각형을 드래그

Figure : 2.4.6 게임 오브젝트를 이동

- [Rect Tool]을 선택하고, 중앙을 드래그

Figure : 2.4.7 게임 오브젝트를 이동

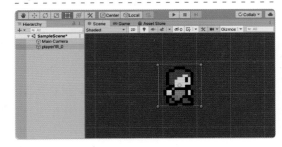

게임 오브젝트를 회전할 때

- [Rotate Tool]을 선택하고, 바깥쪽의 노란색 원을 드래그(중앙의 원을 드래그하면 이미지가 3D 회전하므로 주의)

Figure : 2.4.8 게임 오브젝트를 회전

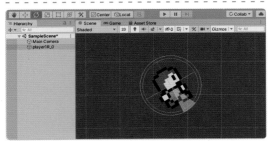

- [Rect Tool]을 선택하고, 모퉁이의 약간 바깥쪽을 드래그

Figure : **2.4.9** 게임 오브젝트를 회전

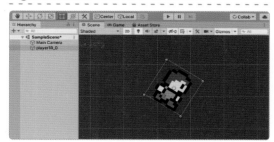

게임 오브젝트를 확대 축소할 때

- [Scale Tool]을 선택하고, 중앙의 사각형을 드래그

Figure : **2.4.10** 게임 오브젝트를 확대

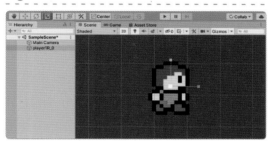

- [Rect Tool]을 선택하고, 주위의 언저리나 모퉁이를 드래그

Figure : **2.4.11** 게임 오브젝트를 축소

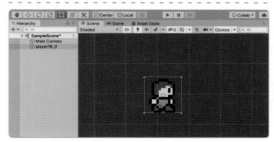

2.5
스크립트를 적용하면 동작한다

스크립트 만드는 방법

게임 화면을 완성했으면 스크립트를 만들고 적용해서 동작시켜 봅시다. 이번은 연습이므로 단순하게 「가로로 이동만 하는 스크립트」를 만듭니다.

6 먼저 신규 스크립트를 만듭니다.

[프로젝트 창]의 메뉴 [+▼] → [C# Script]를 선택하면 신규 스크립트가 만들어지고, 이름 입력 상태가 되므로 class 이름을 붙입니다. 지금은 **TestScript**라고 입력합니다.

Figure : 2.5.1

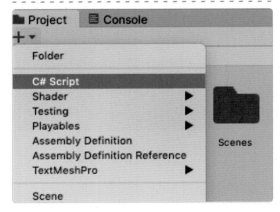

Figure : 2.5.2

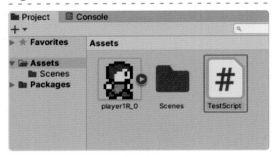

7 스크립트를 더블 클릭하면 Visual Studio가 실행됩니다. class 이름이 변경돼 「**TestScript**」인 걸 알 수 있습니다.

Figure : 2.5.3

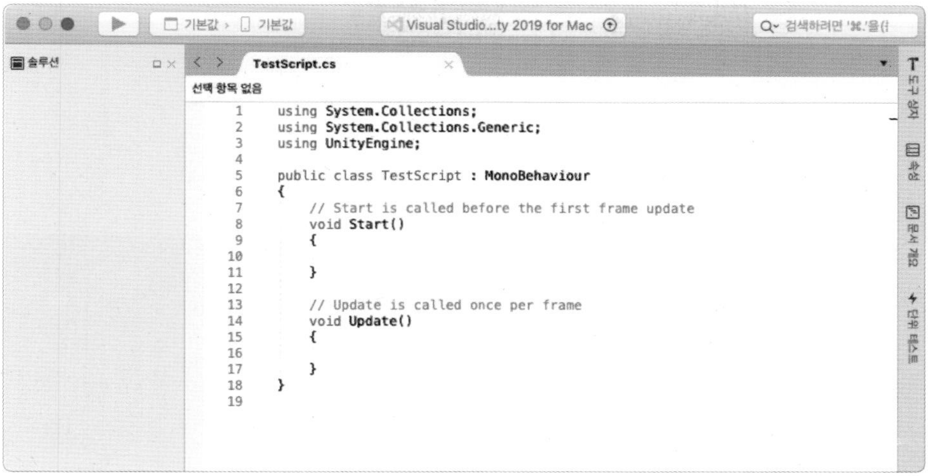

8 여기서 스크립트를 입력하고 저장합니다.

이번에는 Update 안에 다음을 입력합니다. (대문자, 소문자를 주의해서 입력하세요.)

이 스크립트의 의미는 다음 챕터에서 설명합니다.

```
void Update()
{
    this.transform.Translate(0.1f, 0, 0);
}
```

Figure : 2.5.4

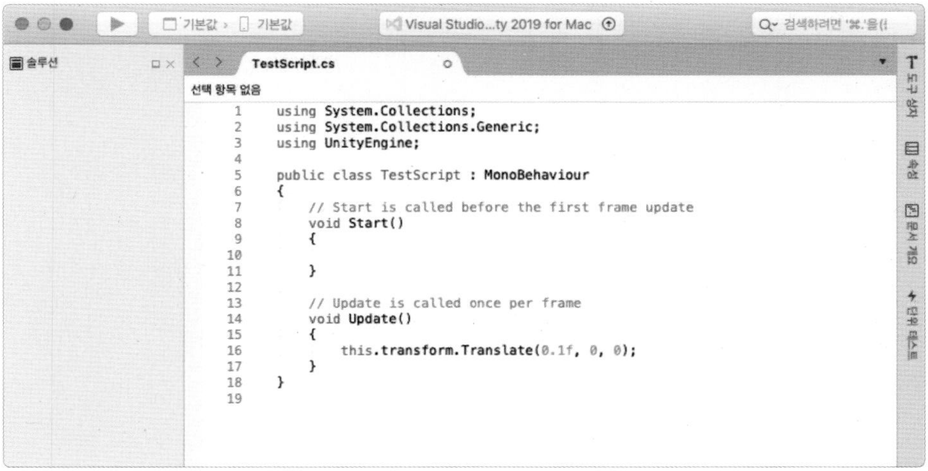

동작시켜 보자

스트립트를 완성했으니 게임 오브젝트에 적용해 동작시켜 봅시다.

⑨ 게임 오브젝트에 스크립트를 적용합니다.
[프로젝트 창]에 만들어 놓은 스크립트를 씬
뷰에 있는 게임 오브젝트에 드래그합시다. 마
우스의 형태가 바뀝니다. 여기서 드롭하면 적
용할 수 있습니다.

Figure : **2.5.5**

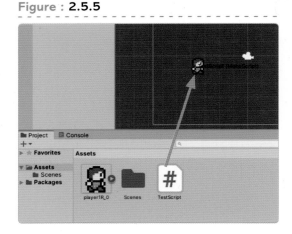

⑩ 동작시켜 봅시다. 「Play」 버튼을 누르면 게임 오브젝트가 이동하기 시작합니다. 멈출 때는 다시
「Play」 버튼을 누릅시다.

Figure : **2.5.6**

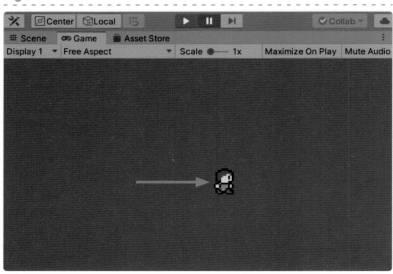

스크립트를 읽어 들이는 법

스크립트는 자신이 만들지 않아도 외부에서 읽어 들여서 사용할 수도 있습니다.

이 책에서 사용하는 스크립트는 영진닷컴 홈페이지에서 제공하니 다운로드해서 사용합니다.

⑪ 영진닷컴 홈페이지에서 샘플 스크립트를 다운로드합니다(zip으로 압축되어 있으므로 압축 해제하세요).

⑫ 스크립트를 프로젝트에 읽어 들입니다.
압축 해제한 「scripts」 폴더 안에 스크립트가
들어 있습니다. 스크립트 하나하나 드래그 앤
드롭해도 되지만, 폴더째 드래그 앤 드롭하면
통째로 읽어 들일 수 있습니다.

Figure : **2.5.7**

⑬ 게임 오브젝트에 스크립트를 적용합니다.
폴더째 드래그했을 때는 해당 폴더 구조와
함께 읽어 들여집니다.
[scripts] 〉 [test] 폴더를 열고 안의 TestScript
를 게임 오브젝트에 적용합시다.

Figure : **2.5.8**

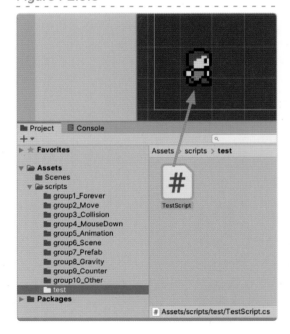

스크립트는 이름에 주의

스크립트의 이름은 중요합니다. **하나의 프로젝트에 같은 이름의 스크립트가 여러 개 있으면 오류**가 발생합니다. 동일한 이름의 스크립트를 각각 다른 폴더에 넣어 둔다고 해도 오류가 발생하므로 스크립트 이름 중복에 주의합시다. 또한, 스크립트 이름이나 폴더 이름에 한국어를 사용하면 오류가 발생할 수 있으니 이름을 지을 때는 영어를 사용합시다.

이 책에서의 스크립트 이름에 대해서

C# 프로그램에서 파일 이름(클래스 이름)은 「파스칼 케이스(pascal case)」 작성법으로 기술합니다. **SpriteRenderer**나 **BoxCollider**와 같이 각 단어의 첫 글자를 대문자로 해서 여러 개의 단어를 연결하는 작성법입니다.

그러나 이 책에서는 스크립트를 생각할 때 「언제, 무엇을 할까?」라는 관점에서 생각할 수 있도록 일부러 **Forever_Rotate**나 **OnKeyPress_Move**처럼 「_(언더스코어)」로 단어를 구분하는 이름을 사용합니다. 본래 C#의 명명 규칙과는 조금 다르다는 걸 기억해두세요.

Chapter 3

스크립트로
동작시키자

3.1
스크립트란?

스크립트는 「언제」 「무엇을 할 것인가?」로 생각한다

이 챕터에서는 여러 가지 **스크립트**를 만들어 「어떻게 동작하는지」를 체험해 가도록 합시다. 갑자기 스크립트를 만들지만 안심하세요. 이 책에서는 「매우 단순한 방법」으로 스크립트를 만듭니다.

스크립트는 그 게임 오브젝트가 「언제」 「무엇을 할 것인가?」라는 관점으로 생각해서 만들어 갑니다.

예를 들어, **키 조작으로 캐릭터를 동작시키고 싶을 때**는 「사용자가 위, 아래, 왼쪽, 오른쪽 키를 눌렀을 때」 「그 방향으로 이동한다」는 스크립트를 만들어 그것을 캐릭터에 적용하면 실현할 수 있습니다.

만약, **버튼으로 씬을 전환하고 싶을 때**는 「사용자가 눌렀을 때」 「씬을 전환한다」는 스크립트를 만들고 그것을 버튼에 적용하면 실현할 수 있습니다.

게임 오브젝트에 붙이는 기능을 「언제」 「무엇을 할 것인가?」라는 관점으로 생각해 나갑니다.

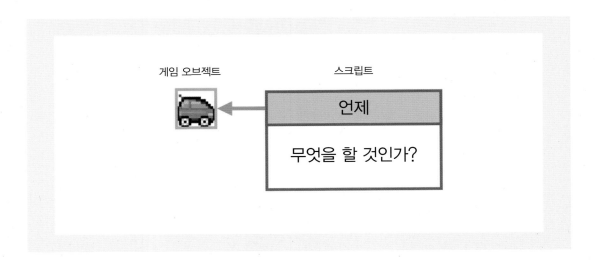

이 챕터에서는 「게임 오브젝트에 적용하는 것만으로 자동으로 움직이기 시작하는 스크립트」를 몇 가지 만듭니다.

Figure : 3.1.1

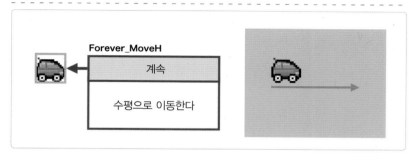

Figure : 3.1.2

Figure : 3.1.3

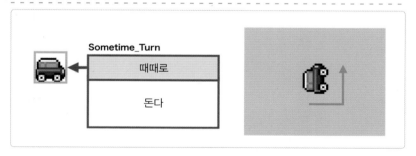

Figure : 3.1.4

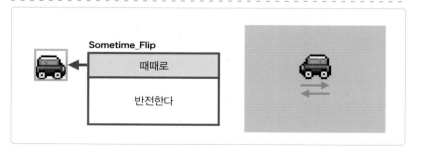

스크립트 파일을 만드는 방법

Unity 스크립트는 C# 언어로 되어 있으므로 C# 규칙을 사용해서 만듭니다. 「어떤 하나의 기능을 가진 스크립트」를 「**클래스**」라고 하며, 「하나의 파일」로 만들어 나갑니다.

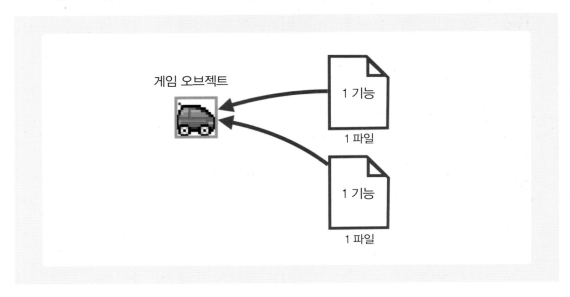

스크립트 파일을 만들려면 먼저 [프로젝트 창]의 메뉴 [+▼] → [C# Script]를 선택하고 신규 스크립트 파일을 만드는 것부터 시작합니다.

Figure : 3.1.5

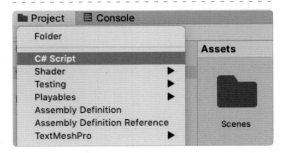

파일이 만들어진 직후는 「이름 입력 상태」가 되므로 여기에 클래스 이름(스크립트 이름)을 입력합니다. 클래스 이름은 **영어로 짓고, 단어의 첫 문자를 대문자**로 붙입니다.

C#에서는 「클래스 이름과 파일 이름은 같아야 한다」는 규칙이 있습니다. 스크립트 파일 생성 직후 이름 입력 상태에서 클래스 이름을 입력하면 Unity가 자동으로 파일 이름과 클래스 이름을 같게 해줍니다.

Figure : 3.1.6

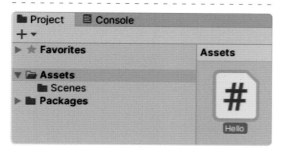

───── 이름 입력 상태가 해제됐을 때 ─────

이름 입력 상태로 되어 있을 때에 무심코 다른 부분을 클릭하면 입력 상태가 해제되고 파일 이름과 클래스 이름이 정해집니다. 클래스 이름은 파일 생성 시에만 자동으로 정해지기 때문에, 이후 파일 이름을 변경할 때에는 클래스 이름을 직접 수정해야 합니다. 더블 클릭해서 파일을 열고, 클래스 이름으로 직접 다시 붙입니다.

스크립트 파일을 더블 클릭하면 Visual Studio라는 에디터가 실행되고 스크립트의 내용을 볼 수 있습니다.

클래스 이름을 살펴봅시다. 파일과 같은 이름으로 되어 있습니다. 클래스 이름 바로 밑 중괄호 { } 사이의 내용이 게임 오브젝트에 붙은 하나의 기능입니다. 하나의 기능을 실현하려면 여러 가지 절차가 필요하므로 그 절차가 여기에 쓰여집니다.

Figure : 3.1.7

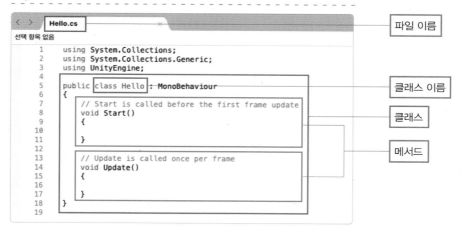

클래스 안에는 「Start」와 「Update」라는 2개의 메서드가 있는데, 이것은 「절차를 언제 시행할 것인가」를 나타냅니다. Start는 「처음에 시행하는 절차」, Update는 「계속 시행하는 절차」입니다.

이 「Start」나 「Update」 안에 「무엇을 시행할 것인가(시행하는 절차)」를 작성해서 스크립트를 만들어 나갑니다.

즉, 스크립트란 게임 오브젝트가 「언제」 「무엇을 시행할 것인가」를 정확히 생각해서 그것을 작성해 만들어 가는 것입니다. 스크립트를 만들면 「언제 시행할 것인지」에 대한 2개의 메서드(Start(), Update()) 가 기본으로 준비되어 있는데 이 밖에도 여러 가지가 있습니다. 이것들을 사용해 여러 가지 스크립트를 만들어 갑시다.

Start()	처음에
Update()	계속
FixedUpdate()	일정 시간마다 계속
OnCollisionEnter2D()	충돌하면
OnMouseDown()	마우스로 터치하면
LastUpdate()	여러 가지 그리기를 시행한 뒤 계속

계속 수평으로 이동한다

「언제」「무엇을 할 것인가?」

만들 스크립트와 그 동작

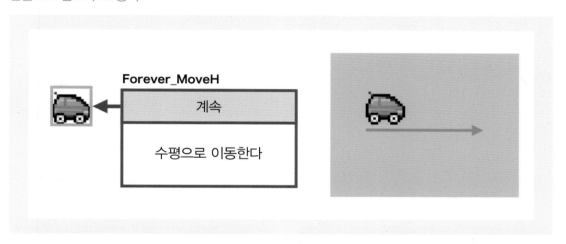

먼저 처음은 캐릭터를 달리게 합시다.

「**달린다**」라는 건 무슨 뜻일까요? 2D 게임 속에서 「달린다」는 건 「계속」, 「수평 방향으로 이동시키는 것」
이라고 생각할 수 있습니다. 즉, 게임 오브젝트를 「계속」, 「수평 방향으로 이동시킨다」 스크립트가 있으
면 캐릭터를 달리게 할 수 있습니다.

「언제」「무엇을 할 것인가」를 스크립트로 작성한다

게임 오브젝트를 「이동시킨다」에는 다음 명령을 사용합니다.

> **[서식]** 게임 오브젝트를 이동시킨다
>
> this.transform.Translate(float x, float y, float z);

이것은 「게임 오브젝트를 지정한 양만큼 이동시키는 명령」입니다. 방향은 x, y, z의 세 방향으로 지정할 수 있는데 2D 게임은 x와 y만 사용합니다. 수평 방향으로 이동시키려면 x에 이동량을 지정합니다.

예를 들어, 「오른쪽으로 모눈 5개만큼 이동시키고 싶을 때」는 다음과 같이 명령합니다.

> this.transform.Translate(5, 0, 0);

이로써 오른쪽으로 모눈 5개만큼 이동합니다.

Figure : 3.2.1

이 명령을 실행하면 위치가 한 번 바뀝니다. 그러나 계속 이동하는 것은 아닙니다. 「계속」 실행시키기 위해서는 **FixedUpdate 메서드**를 사용합니다. FixedUpdate 메서드는 안에 쓰여진 명령을 **일정 시간마다 계속** 반복해 실행합니다.

FixedUpdate는 1초에 50번 반복 실행합니다. 이동량을 그대로 5로 지정하면 1초 동안 250만큼 이동하게 되니 1회당 이동량을 50으로 나눠 지정합시다. 그렇게 하면 「1초 동안 5씩 이동」하게 됩니다.

```
void FixedUpdate()
{
    this.transform.Translate(5.0 / 50.0, 0, 0);
}
```

이대로도 움직이기는 하지만 게임에서는 **값 조정**이 중요합니다. 값의 아주 작은 차이로 지루할 수도, 재미있을 수도 있기 때문입니다. 그러니 값을 조정할 수 있게 하는 것이 좋습니다.

그 방법은 간단하며, 조정하고자 하는 값을 **public 변수로 준비한다**는 것뿐입니다. **public〈변수의 형 이름〉〈변수 이름〉 = 〈값〉;**으로 지정합니다.

```
public float speed = 5;
void FixedUpdate()
{
    this.transform.Translate(speed/50, 0, 0);
}
```

게임 오브젝트에 스크립트를 적용하면 이 public 변수가 [인스펙터 창]에 표시되어, 값을 변경할 수 있습니다.

Figure : 3.2.2

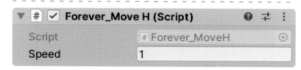

Update와 FixedUpdate의 차이

계속 반복하는 메서드에는 **Update**와 **Fixed Update** 2가지 종류가 있습니다. 2가지 모두 반복 실행을 하는데, 조금 차이가 있습니다.

Update는 1프레임마다 계속 실행됩니다. 1프레임 이란 애니메이션 1회 그리기를 말하며, 1초에 60회 ~80회 정도 실행되는데 시간 간격은 일정하지 않습니다. 컴퓨터의 사양이나 그때의 처리 속도에 따라

변화합니다.

FixedUpdate는 1초 동안에 실행되는 횟수가 정해져 있습니다. 기본적으로는 1초에 50번 실행됩니다. Update는 시간 간격이 일정하지 않기 때문에 이 안에서 이동 처리를 하면 매끄럽게 움직이지 않을 수도 있습니다. 따라서 이동 처리는 FixedUpdate에서 시행합니다.

그러나 FixedUpdate에서는 횟수가 약간 적기 때문에 키 조작 등 사용자로부터의 입력에 바로 반응하지 못할 수도 있습니다. 그래서 키 입력 등은 Update로 가서 이동량을 정해두고 실제 이동 처리는 FixedUpdate에서 하도록 분담하면 사용자로부터의 입력에도 대응하고, 매끄럽게 이동하는 처리를 시행할 수 있습니다.

또한, FixedUpdate는 시간을 멈추는 명령 **Time.timeScale = 0;**으로 정지되므로 FixedUpdate에 이동 처리를 적어 두면 외관상 게임의 움직임을 멈출 수도 있습니다.

스크립트

그럼 완성한 스크립트를 살펴봅시다.

「계속」「수평 방향으로 이동한다」이므로 클래스 이름(파일 이름)은 **Forever_MoveH**로 붙였습니다.

(※주석문은 설명을 위해 적었는데 생략해도 동작합니다.)

```
Forever_MoveH.cs

using System.Collections;
using System.Collections.Generic;
using UnityEngine;

// 계속, 이동한다(수평)
public class Forever_MoveH : MonoBehaviour
{

    public float speed = 1; // 속도 : Inspector에 지정

    void FixedUpdate() // 계속 시행한다(일정 시간마다)
    {
        this.transform.Translate(speed/50, 0, 0); // 수평 이동한다
    }
}
```

Forever_MoveH는 계속 수평으로 이동하는 스크립트인데 이것을 수직으로 이동하는 스크립트로 개조해 봅시다. Translate에 x방향으로 이동한 것을 y방향으로 변경할 뿐입니다.

Forever_MoveV.cs

```csharp
using System.Collections;
using System.Collections.Generic;
using UnityEngine;

// 계속, 이동한다(수직)
public class Forever_MoveV : MonoBehaviour
{

    public float speed = 1; // 속도 : Inspector에 지정

    void FixedUpdate() // 계속 시행한다(일정 시간마다)
    {
        this.transform.Translate(0, speed/50, 0); // 수직 이동한다
    }
}
```

주석문

주석문은 스크립트(프로그램)를 이해하기 쉽게 하기 위해서 작성합니다.

만들기

이 스크립트를 사용해서 「게임 오브젝트가 계속 수평으로 이동하는 무비」를 만듭시다.

❶ 이미지 파일을 준비하고, Unity의 「프로젝트 창」으로 드래그 앤 드롭해서 읽어 들입니다.

② 읽어 들인 이미지(예를 들어, 「자동차(car_0)」를 [씬 뷰]로 드래그 앤 드롭해서 게임 오브젝트로서 배치합니다.

Figure : 3.2.3

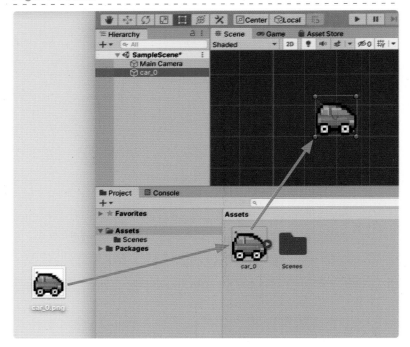

③ [프로젝트 창]에 스크립트를 준비합니다. 스크립트는 스스로 입력해서 만들지만, 이 책에는 샘플 파일이 있으니 그것을 사용해도 됩니다.

신규 스크립트로 만들 때

① [프로젝트 창]의 메뉴 [+▼] → [C# Script]를 선택하면 신규 스크립트가 만들어지며 이름 입력 상태가 됩니다.

Figure : 3.2.4

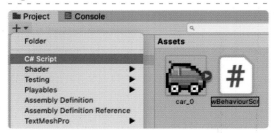

② 입력 상태인 채로 「**Forever_MoveH**」라고 이름을 다시 붙입니다.

Figure : **3.2.5**

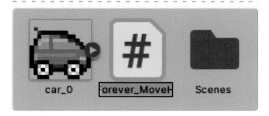

③ 스크립트를 더블 클릭하면 Visual Studio가 실행됩니다. class 이름이 다시 붙어 「**Forever_MoveH**」
로 되어 있으므로 나머지 스크립트를 입력하고 메뉴에서 [파일] → [저장]을 선택합니다.

Figure : **3.2.6**

샘플 파일을 사용할 때

① 샘플 파일에는 「scripts」 폴더가 있습니다. 이 폴더를 통째로 [프로젝트 창]으로 드래그 앤 드롭합
니다.

Figure : **3.2.7**

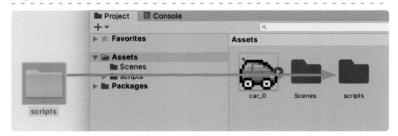

② [프로젝트 창]의 [scripts] → [group1_Forever] 안의 「**Forever_MoveH**」를 사용합니다.

Figure : 3.2.8

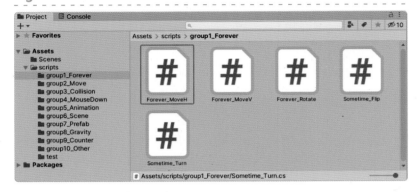

③ 스크립트 「**Forever_MoveH**」를 게임 오브젝트에 드래그 앤 드롭해서 추가합시다. 이것을 「적용한다 (어태치한다)」고 합니다.

Figure : 3.2.9

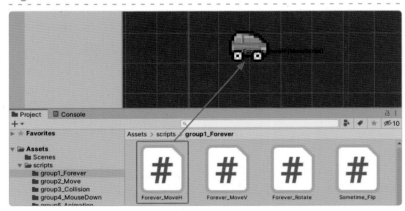

④ 게임 오브젝트를 선택해 봅시다. [인스펙터 창]에 [Forever_MoveH(Script)]가 추가되어 있는 걸 알 수 있습니다.

Figure : **3.2.10**

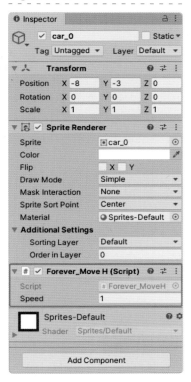

⑤ 그럼 「Play」 버튼을 눌러 봅시다. 게임 오브젝트가 계속 수평으로 이동합니다.

Figure : **3.2.11**

계속 회전한다

언제, 무엇을 할 것인가?

만들 스크립트와 그 동작

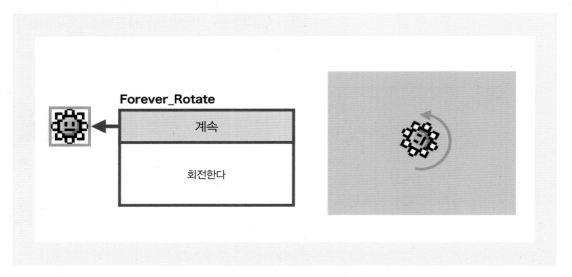

다음은 캐릭터를 회전시켜 봅시다.

「**회전한다**」라는 건 무슨 뜻일까요? 「회전한다」는 일반적으로는 「계속」 「어떤 각도로 회전시키는 것」이라고 생각할 수 있습니다. 즉, 게임 오브젝트를 「계속」 「어떤 각도로 회전시킨다」 스크립트가 있으면 캐릭터를 회전시킬 수 있습니다.

「언제」「무엇을 할 것인가?」를 스크립트로 작성한다

게임 오브젝트를 「어떤 각도로 회전시킨다」에는 다음 명령을 사용합니다.

[서식] 게임 오브젝트를 회전시킨다

this.transform.Rotate(float x, float y, float z);

이것은 「게임 오브젝트를 지정한 각도만큼 회전시키는 명령」입니다. 회전 방향은 x, y, z 세 방향으로 지정할 수 있는데 2D 게임의 이미지를 회전시킬 때는 z를 사용합니다. 게임 화면은 x와 y의 평면으로 되어 있고, 안쪽으로 향하는 축이 z입니다. 그러므로 z축으로 회전시키면 게임 화면상에서 회전하는 것입니다.

예를 들어, 「90도 회전시키고 싶을 때」는 다음과 같이 명령합니다.

---

this.transform.Rotate(0, 0, 90);

그러나 이 명령도 실행하면 1회 회전할 뿐 계속 회전하지는 않습니다. 「계속」 회전시키기 위해서는 **FixedUpdate 메서드**를 사용해야 합니다.

FixedUpdate는 1초 동안에 50회 반복 실행합니다. 그러므로 회전량을 50으로 나눠 지정합니다. 그렇게 하면 1초 동안 지정한 각도만큼 회전하게 됩니다.

이 회전량도 **public 변수**로 해두면 다음부터 [인스펙터 창]에서 변경할 수 있습니다.

```
public float angle = 90;
void FixedUpdate( )
{
   this.transform.Rotate(0, 0, angle/50);
}
```

이로써 「계속 회전한다」 스크립트가 됩니다.

스크립트

그럼 완성한 스크립트를 살펴봅시다.

「계속」「회전한다」이므로 클래스 이름(파일 이름)은 **Forever_Rotate**로 붙였습니다.

Forever_Rotate.cs

```
using System.Collections;
using System.Collections.Generic;
using UnityEngine;

// 계속, 회전한다
public class Forever_Rotate : MonoBehaviour
{

    public float angle = 90; // 각도 : Inspector에 지정

    void FixedUpdate() // 계속 시행한다(일정 시간마다)
    {
        this.transform.Rotate(0, 0, angle/50); // 회전한다
    }
}
```

만들기

이 스크립트를 사용해 「게임 오브젝트가 계속 회전하는 무비」를 만들어 봅시다.

🔷

① 이미지 파일을 준비하고, Unity의 [프로젝트 창]에 드래그 앤 드롭해서 읽어 들입니다.

② 읽어 들인 이미지(예를 들어, 「꽃(flower_1)」)를 [씬 뷰]에 드래그 앤 드롭해서 게임 오브젝트로서 배치합니다.

Figure : **3.3.1**

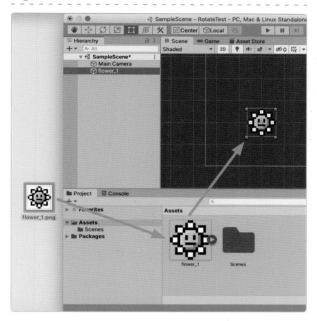

③ [프로젝트 창]에 스크립트를 준비합니다.

스크립트는 직접 입력해서 만들 수도 있고 이 책에서 제공하는 샘플 파일을 다운로드해서 사용할 수도 있습니다.

신규 스크립트로 만들 때

① [프로젝트 창]의 메뉴 [+▼] → [C# Script]를 선택하면 신규 스크립트가 만들어지며 이름 입력 상태가 됩니다.

Figure : **3.3.2**

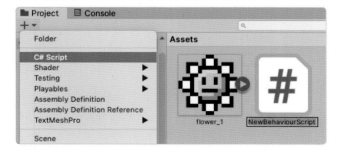

❷ 입력 상태인 채로 「**Forever_Rotate**」라고 다시 이름을 붙입니다.

Figure : 3.3.3

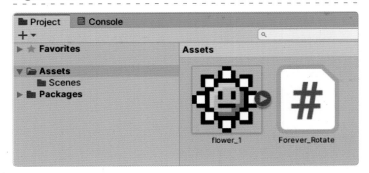

❸ 스크립트를 더블 클릭하면 Visual Studio가 실행됩니다. class 이름이 다시 붙여져 「**Forever_ Rotate**」로 되므로 나머지 스크립트를 입력하고 메뉴의 [파일] → [저장]을 선택합니다.

Figure : 3.3.4

샘플 파일을 사용할 때

❶ 다운로드한 샘플 파일의 「scripts」 폴더를 통째로 [프로젝트 창]으로 드래그 앤 드롭합니다.

Figure : 3.3.5

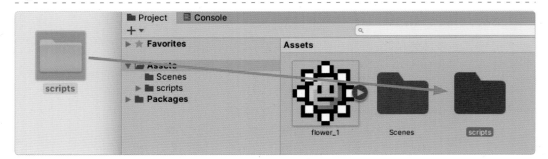

❷ [프로젝트 창]의 [scripts] → [group1_Forever] 안의 「**Forever_Rotate**」를 사용합니다.

Figure : 3.3.6

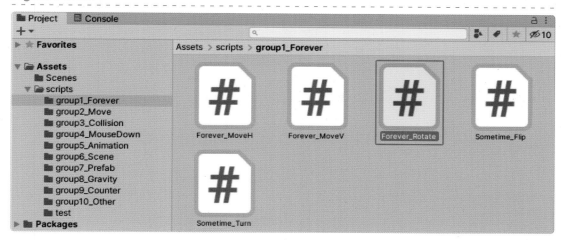

❸ 스크립트 「**Forever_Rotate**」를 게임 오브젝트에 적용합니다. 게임 오브젝트를 선택하면 [인스펙터 창]에 [Forever_Rotate(Script)]가 추가되어 있는 걸 알 수 있습니다.

Figure : 3.3.7

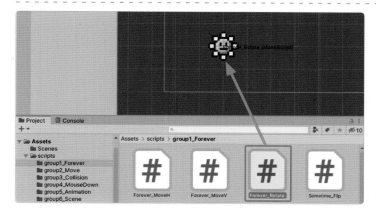

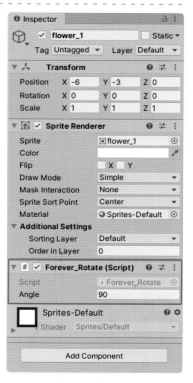

④ 「Play」 버튼을 눌러 봅시다. 게임 오브젝트가 계속 회전합니다.

Figure : 3.3.8

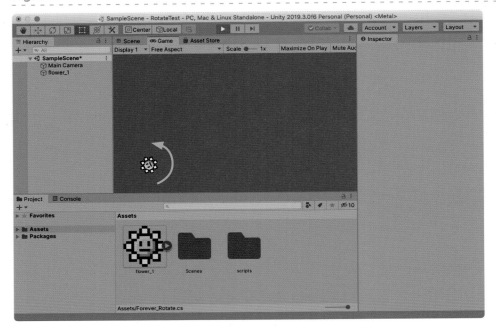

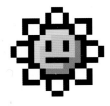

때때로 돈다

언제, 무엇을 할 것인가?

만들 스크립트와 그 동작

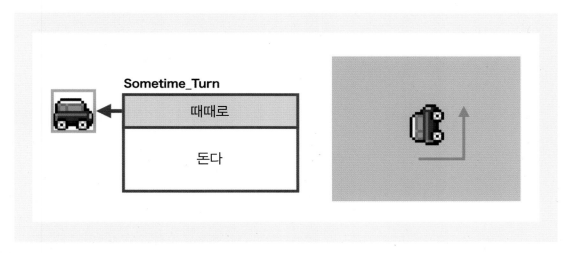

다음은 「때때로 돈다」는 구조를 만들어 봅시다.

때때로라는 건 무슨 뜻일까요? 「때때로」란 「시간이 조금 지나고 나서 무언가를 하는 것」 「계속 반복하는 것」입니다. 「조금 시간이 지났는지 여부」를 조사하는 몇 가지 방법이 있는데 간단한 방법으로는 수를 세는 방법이 있습니다. 「계속 수를 세서 어떤 수가 되면 시간이 경과한 걸로 판단한다」는 방법입니다. 예를 들어, 「계속 수를 세서 100이 될 때마다 실행한다」로 하면 「때때로 실행한다」를 할 수 있습니다.

「언제」 「무엇을 할 것인가?」를 스크립트로 작성한다

「수를 센다」를 위해서는 「몇 개까지 셌는가?」를 기억해둬야 합니다. 「변수」를 사용해서 몇 개까지 셌는지를 기억하면서 수를 셉니다. 최댓값을 정해 두고 센 수가 최댓값과 같아졌을 때 지정한 각도만큼 회전합니다. 이렇게 하면 「때때로 돈다」 스크립트가 완성됩니다.

```
int count = 0;
void Start( )
{
    count = 0;
}

void FixedUpdate( )
{
    count = count + 1;
    if (count >= maxCount)
    {
        this.transform.Rotate(0, 0, angle);
        count = 0;
    }
}
```

때때로 무언가 한다

이번에는 알기 쉽도록 「때때로 무언가 한다」를 수를 세는 방법으로 만들었습니다. 이 밖에도 여러 가지 방법이 있습니다. 「Time.deltaTime」을 사용해서 시작부터의 초(second)수를 조사하는 방법, 「InvokeRepeating」을 사용해 지정한 초마다 명령을 실행하는 방법 등이 있습니다.

스크립트

그럼 완성한 스크립트를 살펴봅시다.

「때때로」「돈다」이므로 클래스 이름(파일 이름)은 **Sometime_Turn** 으로 붙였습니다.

Sometime_Turn.cs

```csharp
using System.Collections;
using System.Collections.Generic;
using UnityEngine;

// 때때로 돈다
public class Sometime_Turn : MonoBehaviour
{
    public float angle = 90; // 각도 : Inspector에 지정
    public int maxCount = 50; // 빈도 : Inspector에 지정

    int count = 0; // 카운터용

    void Start() // 처음에 시행한다
    {
        count = 0; // 카운터를 리셋
    }

    void FixedUpdate() // 계속 시행한다(일정 시간마다)
    {
        count = count + 1; // 카운터에 1을 더해서
        if (count >= maxCount) // 만약 maxCount가 되면
        {
            this.transform.Rotate(0, 0, angle); // 회전해서 돈다
            count = 0; // 카운터를 리셋
        }
    }
}
```

만들기

이 스크립트를 사용해 「게임 오브젝트가 때때로 도는 무비」를 만듭시다.

1 이미지 파일(예를 들어, 「자동차(car_1)」를 준비하고, Unity의 [프로젝트 창]에 드래그 앤 드롭해서 읽어 들입니다.

2 읽어 들인 이미지를 [씬 뷰]에 드래그 앤 드롭해서 게임 오브젝트로서 배치합니다.

Figure : 3.4.1

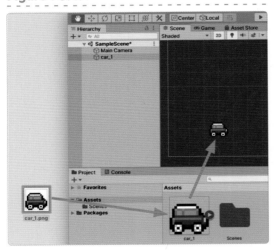

3 [프로젝트 창]에 스크립트를 준비합니다.

신규 스크립트로 만들 때

1 [프로젝트 창]의 메뉴 [+▼] → [C# Script]를 선택하면 신규 스크립트가 만들어지고 이름 입력 상태가 됩니다.

Figure : 3.4.2

2 입력 상태인 채로 「**Sometime_Turn**」이라고 다시 이름을 붙입니다.

Figure : **3.4.3**

3 스크립트를 더블 클릭하면 Visual Studio가 실행됩니다. 스크립트를 입력하고 메뉴의 [파일] → [저장]을 선택합니다.

Figure : **3.4.4**

```csharp
using System.Collections;
using System.Collections.Generic;
using UnityEngine;

// 때때로 돈다
public class Sometime_Turn : MonoBehaviour
{

    public float angle = 90;  // 각도 : Inspector에 지정
    public int maxCount = 50;  // 빈도 : Inspector에 지정

    int count = 0; // 카운터 용

    void Start ()    // 처음에 시행한다
    {
        count = 0;  // 카운터를 리셋
    }

    void FixedUpdate()   // 계속 시행한다(일정 시간마다)
    {
        count = count + 1; // 카운터에 1을 더해서
        if (count >= maxCount)  // 만약 maxCount가 되면
        {
            this.transform.Rotate(0, 0, angle); // 회전해서 돈다
            count = 0; // 카운터를 리셋
        }
    }
}
```

샘플 파일을 사용할 때

① 다운로드한 샘플 파일의 「scripts」 폴더를 통째로 [프로젝트 창]에 드래그 앤 드롭합니다.

② [프로젝트 창]의 [scripts] → [group1_Forever] 안의 「**Sometime_Turn**」을 사용합니다.

Figure : **3.4.5**

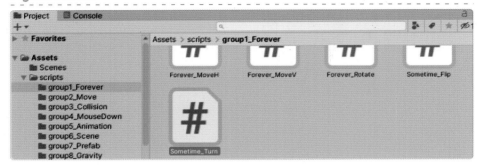

③ 스크립트 「**Sometime_Turn**」을 게임 오브젝트에 적용합니다. 게임 오브젝트를 선택하면 [인스펙터 창]에 [Sometime_Turn(Script)]이 추가되어 있습니다.

Figure : **3.4.6**

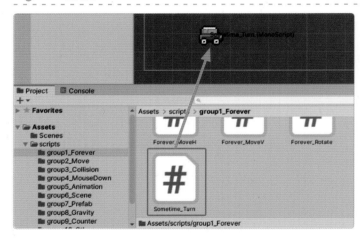

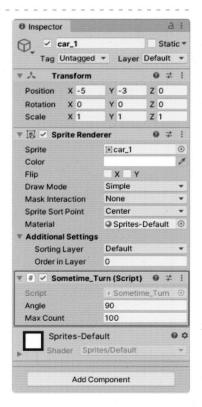

④ 「Play」 버튼을 눌러 봅시다. 때때로 도는 것을 알 수 있습니다.

Figure : 3.4.7

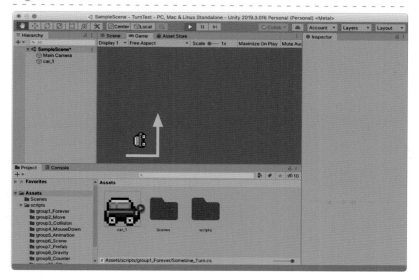

⑤ 이대로라면 그저 「때때로 돈다」는 동작인데, 게임 오브젝트는 또 다른 스크립트를 추가할 수도 있습니다.

예를 들어, 게임 오브젝트에 스크립트 「**Forever_MoveH**」를 적용합시다. 두 개의 스크립트가 동작하므로 「계속 수평으로 이동하면서 때때로 돈다」는 동작을 만들 수 있습니다.

Figure : 3.4.8

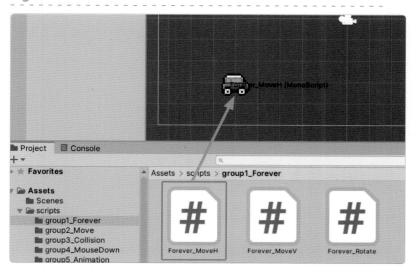

⑥ 게임 오브젝트를 선택하면 [인스펙터 창]에 **Sometime_Turn**과 **Forever_MoveH** 스크립트가 추가되어 있는 걸 알 수 있습니다.

Figure : 3.4.9

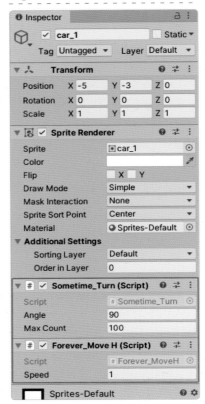

⑦ 「Play」 버튼을 눌러 봅시다. 「계속 수평으로 이동하면서 때때로 돈다」처럼 됩니다. 즉, 사각으로 이동하는 구조를 만들 수 있습니다. 재미있네요.

Figure : 3.4.10

완성!

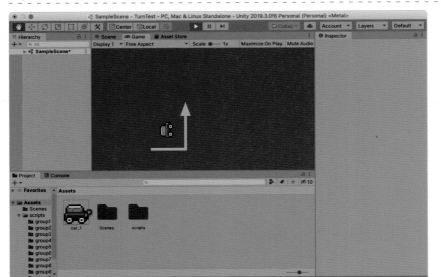

하나의 게임 오브젝트에는 여러 컴포넌트를 적용할 수 있습니다. 여러 개 적용할 수 있다는 건 뭐든지 할 수 있는 거대하고 무거운 하나의 컴포넌트를 적용하는 것이 아닌, 단순한 컴포넌트를 조합해서 적용함으로써 새로운 기능을 만들어가는 사고방식입니다. 이 책에서도 매우 단순한 스크립트를 조합해서 적용함으로써 여러 가지 기능을 만들어 나갑니다.

게임 오브젝트에 적용한 컴포넌트는 [인스펙터 창]에서 해제할 수 있습니다. 해제하고자 하는 컴포넌트의 오른쪽 위에 있는 점 3개가 나열된 버튼을 누르고 「RemoveCompoent」를 선택하면 그 컴포넌트가 해제됩니다.

3.5
때때로 반전한다

언제, 무엇을 할 것인가?

만들 스크립트와 그 동작

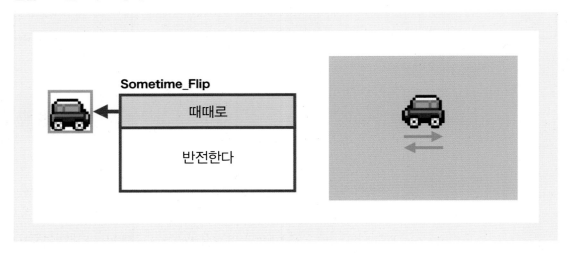

앞에서 만든 「때때로 돈다」의 회전 각도를 180도로 하면 어떻게 될까요?

오른쪽으로 진행하고 있을 때 180도 회전하면 왼쪽으로 진행하게 됩니다. 또한 180도 회전하면 오른쪽
으로 진행하게 됩니다. **즉, 왔다 갔다** 합니다.

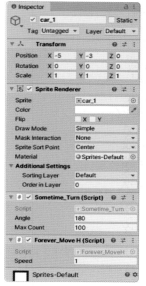
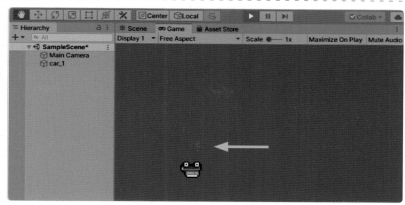

그러나 돌아올 때는 위 아래가 반대로 됩니다. 위 아래가 반전되지 않도록 「돌아왔을 때는 그림 표시를 위 아래 반전시킨다」는 구조를 추가하면 어떨까요? 위 아래가 원상태가 될 거라 생각됩니다.

「언제」「무엇을 할 것인가?」를 스크립트에 작성한다

게임 오브젝트의 그림을 위 아래 반전시키려면 다음의 명령을 사용합니다.

[서식] 게임 오브젝트의 그림을 위 아래 반전한다

```
this.GetComponent<SpriteRenderer>().flipY = <반전할지 여부>;
```

게임 오브젝트의 그림을 왼쪽 오른쪽 반전시키려면 이 명령을 사용할 수 있습니다.

[서식] 게임 오브젝트의 그림을 왼쪽 오른쪽 반전한다

```
this.GetComponent<SpriteRenderer>().flipX = <반전할지 여부>;
```

이 〈반전할지 여부〉에는 true나 false를 지정합니다. true면 위 아래 반전하고, false면 위 아래는 반전하지 않습니다.

〈반전할지 여부〉를 정하는 값을 「변수」에 넣어 두고, 180도 돌 때마다 true와 false를 전환합시다.

「실행할 때마다 true와 false를 전환한다」에는 다음 명령을 사용할 수 있습니다.

[서식] true와 false를 전환한다

```
<변수 이름> = !<변수 이름>;
```

변수의 앞에 「!」를 붙이면 true와 false가 전환되는 것입니다. 「때때로 돈다」의 구조에 이것을 추가해서 「때때로 반전한다」는 구조를 만들어 봅시다.

스크립트

그럼 완성한 스크립트를 살펴봅시다.

「때때로」 「반전한다」이므로 클래스 이름(파일 이름)은 **Sometime_Flip**이라고 붙였습니다.

Sometime_Flip.cs

```csharp
using System.Collections;
using System.Collections.Generic;
using UnityEngine;

// 때때로 반전한다
public class Sometime_Flip : MonoBehaviour
{

    public int maxCount = 50; // 빈도 : Inspector에 지정

    int count = 0; // 카운터용
    bool flipFlag = false;

    void Start () // 처음에 시행한다
    {
```

```
        count = 0; // 카운터를 리셋
    }
    void FixedUpdate( ) // 계속 시행한다(일정 시간마다)
    {
        count = count + 1; // 카운터에 1을 더해서
        if (count >= maxCount) // 만약, maxCount가 되면
        {
            this.transform.Rotate(0, 0, 180); // 180도 회전해서 돈다
            count = 0; // 카운터를 리셋
                        // 그때 그림이 180도 회전하므로 위 아래를 반전시킨다
            flipFlag = !flipFlag;
            this.GetComponent<SpriteRenderer>( ).flipY = flipFlag;
        }
    }
}
```

만들기

「때때로 도는 무비」를 수정해서 「게임 오브젝트가 계속해서 왕복하는 무비」를 만들어 봅시다.

1 먼저 게임 오브젝트에서 「때때로 돈다(**Sometime_Turn**)」 스크립트를 해제합시다. 게임 오브젝트를 선택하고 [인스펙터 창]의 [Sometime_Turn(Script)] 오른쪽 위의 점 3개가 나열된 버튼을 누르고, 「Remove Component」를 선택합니다.

2 [프로젝트 창]에 스크립트를 준비합니다.

Figure : **3.5.2**

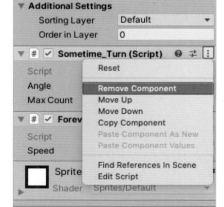

신규 스크립트로 만들 때

① [프로젝트 창]의 메뉴 [+▼] → [C# Script]를 선택하면 신규 스크립트가 만들어지고 이름 입력 상태
가 됩니다.

② 입력 상태인 채로 「**Sometime_Flip**」이라고 이름을 붙입니다.

Figure : **3.5.3**

③ 스크립트를 더블 클릭하면 Visual Studio가 실행됩니다. 스크립트를 입력하고 메뉴의 [파일] → [저
장]을 선택합니다.

Figure : **3.5.4**

```
    Sometime_Flip.cs                              ×
Sometime_Flip ▸ Start()
1   using System.Collections;
2   using System.Collections.Generic;
3   using UnityEngine;
4
5   // 때때로 반전한다
6   public class Sometime_Flip : MonoBehaviour
7   {
8
9       public int maxCount = 50; // 빈도 : Inspector에 지정
10
11      int count = 0;    // 카운터 용
12      bool flipFlag = false;
13
14      void Start ()  // 처음에 시행한다
15      {
16          count = 0;  // 카운터를 리셋
17      }
18
19      void FixedUpdate()  // 계속 시행한다(일정 시간마다)
20      {
21          count = count + 1; // 카운터에 1을 더해서
22          if (count >= maxCount) // 만약, maxCount가 되면
23          {
24              this.transform.Rotate(0, 0, 180); // 180도 회전해서 돈다
25              count = 0; // 카운터를 리셋
26                         // 그 때 그림이 180도 회전바으로 위 아래를 반전시킨다
27              flipFlag = !flipFlag;
28              this.GetComponent<SpriteRenderer>().flipY = flipFlag;
29          }
30      }
31  }
```

샘플 파일을 사용할 때

① 다운로드한 샘플 파일의 「scripts」 폴더를 통째로 [프로젝트 창]에 드래그 앤 드롭합니다.

❷ [프로젝트 창]의 [scripts] → [group1_Forever] 안의 「**Sometime_Flip**」을 사용합니다.

Figure : **3.5.5**

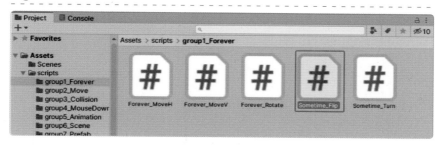

❸ 스크립트 「**Sometime_Flip**」을 게임 오브젝트에 적용합니다. 게임 오브젝트를 선택하면 [인스펙터 창]에 [Sometime_Flip(Script)]이 추가되어 있습니다.

Figure : **3.5.6**

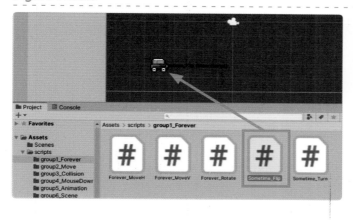

④ 「Play」 버튼을 눌러 봅시다. 때때로 반전하고 계속 왕복하는 걸 알 수 있습니다.

Figure : **3.5.7**

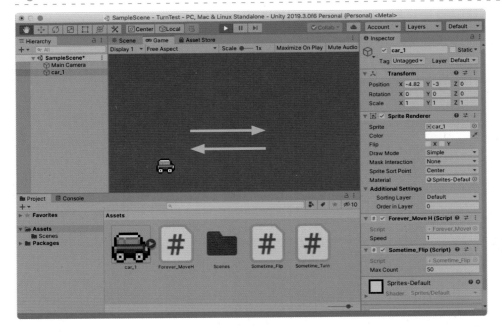

Flag(플래그)

「Flag」란 **변수 사용법의 한 가지**입니다. 「어떤 상태인지를 프로그램 내에서 기억해 둘 때」에 사용합니다. 깃발의 올림과 내림과 같이 ON(true)/OFF(false) 상태를 알리기 때문에 Flag(깃발)라고

부릅니다. 「때때로 반전한다」 스크립트에서는 〈반전 여부〉 조사에 이 Flag를 사용했는데 앞으로도 몇 번 나올 것입니다.

덤 스크립트

다운로드 파일에는 동일한 스크립트로서 「키를 누르면 스프라이트가 수평으로 이동하는 스크립트(**OnKeyPress_MoveSpriteH**)」, 「계속 수직으로 이동해서 충돌하면 반전하는 스크립트(**Forever_MoveV_OnCollision_Flip**)」을 준비했습니다.

OnKeyPress_MoveSpriteH를 사용하면 수평으로 늦게 이동하는 장치를 만들 수 있으므로 「플레이어의 안쪽에서 천천히 흐르는 배경」 등을 만들 수 있습니다.

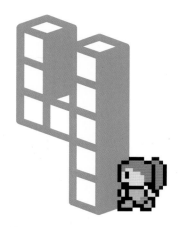

Chapter 4

키 입력과 충돌 판정

4.1
이 챕터에서 만드는 스크립트

챕터3에서는 캐릭터가 자동으로 움직이게 했지만, 이 챕터에서는 「키를 누르면 동작하는 구조」「충돌하면 멈추는 구조」「적이 플레이어를 뒤쫓아 가는 구조」 등 사용자가 캐릭터를 움직이거나 게임 중의 캐릭터로서 동작하는 구조를 만듭니다.

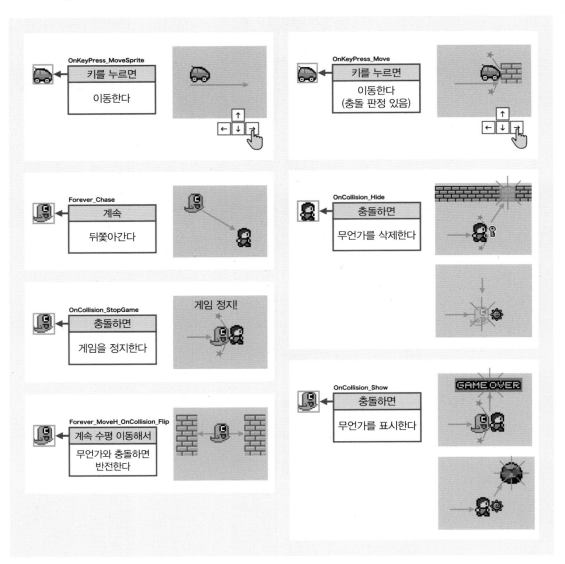

위, 아래, 왼쪽, 오른쪽 키를 누르면
이동한다(스프라이트)

언제, 무엇을 할 것인가?

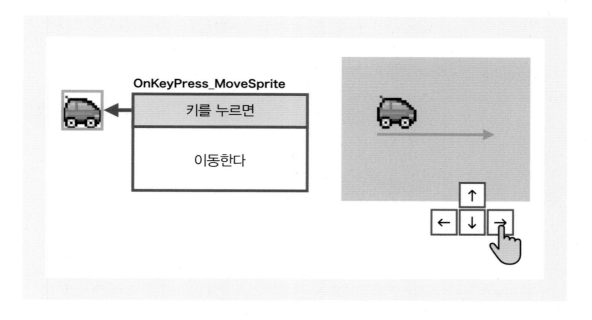

먼저 사용자의 키 조작으로 캐릭터를 움직여봅시다.

「**사용자의 키 조작으로 움직인다**」는 건 무슨 뜻일까요? 예를 들어, 「위, 아래, 왼쪽, 오른쪽 키를 누르면 캐릭터가 위, 아래, 왼쪽, 오른쪽으로 움직인다」라는 경우를 생각해 봅시다. 캐릭터는 「언제」 움직이나요?

단순히 「키가 눌리면 움직인다」라고 생각하기 쉽지만 실제로 「키가 눌렸을 때 1회만」 움직일 수 있습니다. 게임 중에는 「키를 누르고 있는 동안 계속 움직인다」처럼 하고자 「계속」을 사용합니다.

즉, 사용자가 위, 아래, 왼쪽, 오른쪽 키를 눌렀는지 여부를 「계속 조사」 「키가 눌러져 있을 때는 눌린 방향으로 이동시킨다」라는 스크립트를 만들어서 「사용자가 키를 누르고 있는 동안 계속 움직인다」를 할 수 있습니다.

「언제」「무엇을 할 것인가?」를 스크립트에 적는다

『어떤 키가 눌린 것』을 조사하려면 다음 명령을 사용합니다.

> **[서식]** 만약 어떤 키가 눌리면 무언가를 한다
>
> ```
> if (Input.GetKey("키 이름"))
> {
>     // 할 것
> }
> ```

키 이름에는 키보드에 대응한 다음과 같은 이름을 사용할 수 있습니다.

right, left, up, down, space, tab, delete, a, b, c, 1, 2, 3...

이 명령은 「실행된 순간에 어떤 키가 눌렸는지」만을 조사합니다. 이것을 「계속」 안에서 사용함으로써 「키가 눌린 것을 계속 조사한다」를 할 수 있게 됩니다.

「계속」에는 Update와 FixedUpdate 어느 쪽이든 실시할 수 있는데 키 입력을 조사할 때는 입력 실수가 적은 「**Update**」를 사용합니다.

키 입력의 확인을 위해 Update로 가서 이동량을 정해 두고, 실제로 이동시키는 것은 일정 시간마다 실행되는 FixedUpdate에서 실시합니다. 이렇게 함으로써 입력 실수가 적고, 매끄러운 움직임으로 이동을 할 수 있게 됩니다.

예를 들어, 오른쪽 화살표 [→]키가 눌리면 오브젝트를 오른쪽으로 이동시키는 것은 다음과 같이 만듭니다.

```
float vx = 0;
void Update()
{
    vx = 0;
    if (Input.GetKey("right"))
    {
        vx = 1;
    }
```

```
  }
  void FixedUpdate()
  {
     this.transform.Translate(vx/50, 0, 0);
  }
```

이를 위, 아래, 왼쪽, 오른쪽 각각에 실시하면 「위, 아래, 왼쪽, 오른쪽 키를 누르면 그 방향으로 이동하는 스크립트」가 됩니다.

이 스크립트를 적용하면 오브젝트가 움직이기는 하지만, 움직이는 방향에 따라 형태가 바뀌지는 않습니다. 예를 들어, 「오른쪽 방향의 캐릭터」를 이동시키면 왼쪽으로 이동할 때도 오른쪽을 향한 채 이동합니다.

Figure : 4.2.1

그래서 왼쪽, 오른쪽 키를 눌렀을 때에 leftFlag로 「왼쪽을 향하고 있는지 여부」를 전환하도록 해서 「왼쪽을 향하고 있으면 그림의 좌우를 반전한다」와 같은 구조를 추가합니다. 이로써 왼쪽 오른쪽 키를 눌렀을 때 캐릭터가 각각의 키에 알맞은 진행 방향을 향하게 됩니다.

「오른쪽 방향의 캐릭터를 왼쪽으로 이동할 때는 왼쪽 오른쪽 반전시킨다」라는 기능을 넣었으므로 이 스크립트는 「오른쪽 방향의 캐릭터」에 적용해 사용해야 합니다.

```
float vx = 0;
bool leftFlag = false;
void Update()
{
  vx = 0;
  if (Input.GetKey("right"))
  {
    vx = 1;
    leftFlag = false;
  }
```

```
      if (Input.GetKey("left"))
      {
        vx = -1;
        leftFlag = true;
      }
    }
    void FixedUpdate( )
    {
      this.transform.Translate(vx/50, 0, 0);
      this.GetComponent<SpriteRenderer>( ).flipX = leftFlag;
    }
```

Input 클래스

Input.GetKey에도 Input.GetKey(space)처럼 키 이름을 문자열로 지정하는 방법과 Input.GetKey(KeyCode.Space)처럼 키 코드로 지정하는 방법이 있습니다. 어느 쪽이든 알기 쉬운 쪽을 사용하면 되겠죠?
또한, Input.GetMouseButton(버튼 번호)을 사용하면 마우스 버튼이 눌려 있는지를 조사할 수 있습니다. 버튼 번호는 0이 왼쪽 클릭, 1이 오른쪽 클릭입니다.

「특정 키가 눌렸는지」를 조사하는 것이 아니라 「위, 아래 키가 눌렸는지, 왼쪽, 오른쪽 키가 눌렸는지」를 조사하는 방법이 있습니다. 그것이 Input.GetAxisRaw(방향)입니다. 위, 아래 키가 눌렸는지는 「Input.GetAxisRaw(Vertical)」로 조사할 수 있으며 왼쪽, 오른쪽 키가 눌렸는지는 「Input.GetAxisRaw(Horizontal)」로 조사할 수 있습니다. 값은 1, 0, −1로 반환되므로 0이 아니면 눌렸다는 걸 알 수 있습니다.

스크립트

그럼 완성한 스크립트를 살펴봅시다.

「키를 누르면」「스프라이트가 이동한다」이므로 클래스 이름(파일 이름)은 **OnKeyPress_MoveSprite**로 했습니다.

OnKeyPress_MoveSprite.cs

```
using System.Collections;
using System.Collections.Generic;
using UnityEngine;
```

```csharp
// 키를 누르면 스프라이트가 이동한다
public class OnKeyPress_MoveSprite : MonoBehaviour
{

    public float speed = 2; // 속도 : Inspector에 지정

    float vx = 0;
    float vy = 0;
    bool leftFlag = false;

    void Update() // 계속 시행한다
    {
      vx = 0;
      vy = 0;
      if (Input.GetKey("right")) // 만약 오른쪽 키가 눌리면
      {
        vx = speed; // 오른쪽으로 나아가는 이동량을 넣는다
        leftFlag = false;
      }
      if (Input.GetKey("left")) // 만약 왼쪽 키가 눌리면
      {
        vx = -speed; // 왼쪽으로 나아가는 이동량을 넣는다
        leftFlag = true;
      }
      if (Input.GetKey("up")) // 만약 위 키가 눌리면
      {
        vy = speed; // 위로 나아가는 이동량을 넣는다
      }
      if (Input.GetKey("down")) // 만약 아래 키가 눌리면
      {
        vy = -speed; // 아래로 나아가는 이동량을 넣는다
      }
    }
    void FixedUpdate() // 계속 시행한다(일정 시간마다)
    {
      // 이동한다
      this.transform.Translate(vx/50, vy/50, 0);
      // 왼쪽 오른쪽 방향을 바꾼다
      this.GetComponent<SpriteRenderer>().flipX = leftFlag;
    }
}
```

만들기

이 스크립트를 사용해서 「위, 아래, 왼쪽, 오른쪽 키를 누르면 자동차가 이동하는 무비」를 만들어 봅시다.

❶ 먼저 「자동차(car_0)」 이미지 파일을 Unity의 [프로젝트 창]에 드래그 앤 드롭해서 읽어 들이고, [씬 뷰]에 배치합니다.

Figure : 4.2.2

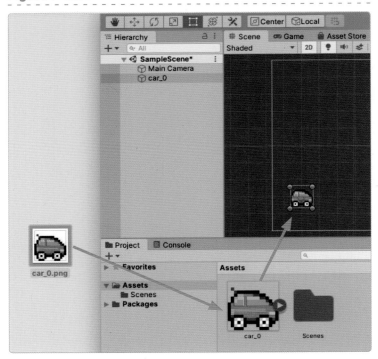

❷ [프로젝트 창]에 스크립트를 준비합니다.

신규 스크립트로 만들 때

1 [프로젝트 창]의 메뉴 [+▼] → [C# Script]를 선택하고, 「**OnKeyPress_MoveSprite**」라고 이름을 붙입니다. 스크립트를 더블 클릭하면 Visual Studio가 실행됩니다. 스크립트를 입력하고 메뉴의 [파일] → [저장]을 선택합니다.

Figure : 4.2.3

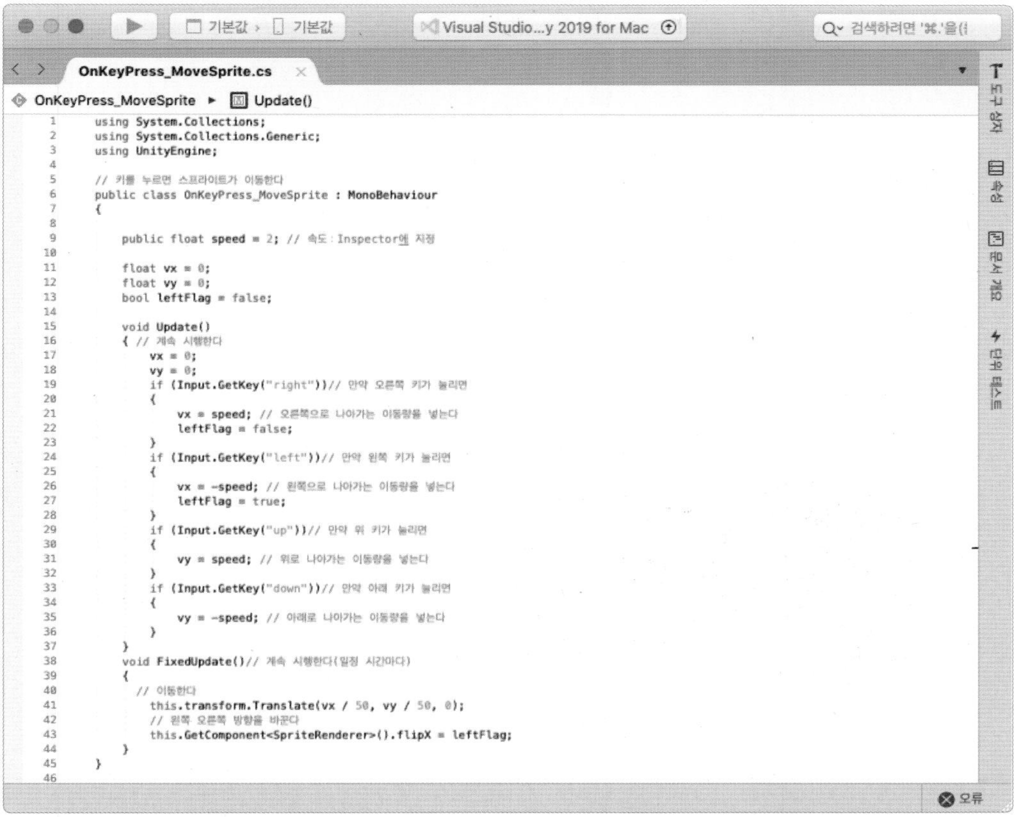

```
1    using System.Collections;
2    using System.Collections.Generic;
3    using UnityEngine;
4
5    // 키를 누르면 스프라이트가 이동한다
6    public class OnKeyPress_MoveSprite : MonoBehaviour
7    {
8
9        public float speed = 2; // 속도 : Inspector에 지정
10
11       float vx = 0;
12       float vy = 0;
13       bool leftFlag = false;
14
15       void Update()
16       { // 계속 시행한다
17           vx = 0;
18           vy = 0;
19           if (Input.GetKey("right"))// 만약 오른쪽 키가 눌리면
20           {
21               vx = speed; // 오른쪽으로 나아가는 이동량을 넣는다
22               leftFlag = false;
23           }
24           if (Input.GetKey("left"))// 만약 왼쪽 키가 눌리면
25           {
26               vx = -speed; // 왼쪽으로 나아가는 이동량을 넣는다
27               leftFlag = true;
28           }
29           if (Input.GetKey("up"))// 만약 위 키가 눌리면
30           {
31               vy = speed; // 위로 나아가는 이동량을 넣는다
32           }
33           if (Input.GetKey("down"))// 만약 아래 키가 눌리면
34           {
35               vy = -speed; // 아래로 나아가는 이동량을 넣는다
36           }
37       }
38       void FixedUpdate()// 계속 시행한다(일정 시간마다)
39       {
40           // 이동한다
41           this.transform.Translate(vx / 50, vy / 50, 0);
42           // 왼쪽 오른쪽 방향을 바꾼다
43           this.GetComponent<SpriteRenderer>().flipX = leftFlag;
44       }
45   }
46
```

샘플 파일을 사용할 때

① 샘플 파일의 [scripts] → [group2_Move] 안의 「**OnKeyPress_MoveSprite**」를 사용합니다.

Figure : 4.2.4

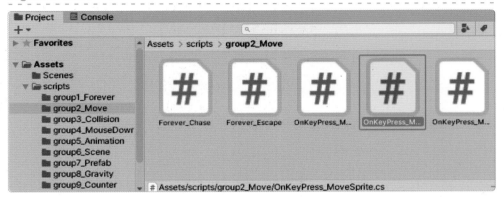

② 스크립트 「**OnKeyPress_MoveSprite**」를 게임 오브젝트에 적용합니다. [인스펙터 창]에 [OnKey Press_MoveSprite(Script)]가 추가되어 있습니다.

Figure : 4.2.5

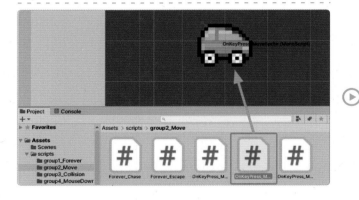

Figure : 4.2.6

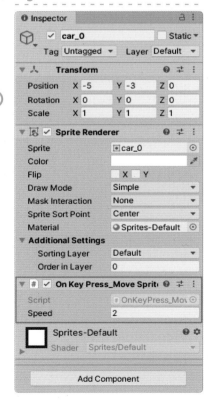

③「Play」버튼을 눌러 봅시다. 위, 아래, 왼쪽, 오른쪽 키를 누르면 위, 아래, 왼쪽, 오른쪽으로 이동하는 걸 알 수 있습니다.

Figure : 4.2.7

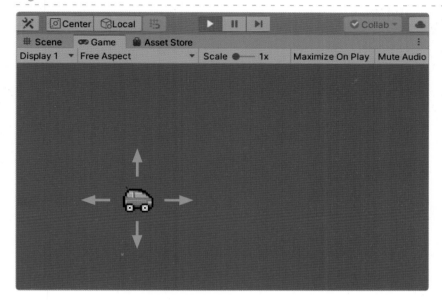

4.3

충돌 기능을 적용한다

리지드바디(Rigidbody)와 콜라이더(Collider)

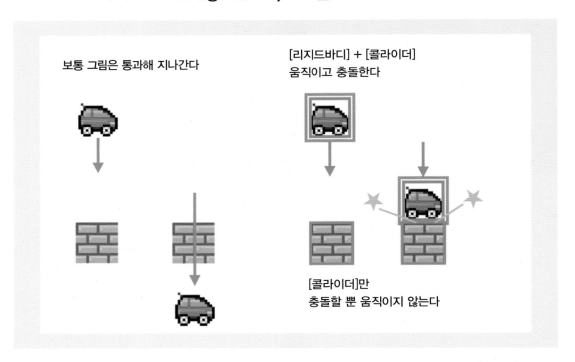

보통 그림은 통과해 지나간다

[리지드바디] + [콜라이더]
움직이고 충돌한다

[콜라이더]만
충돌할 뿐 움직이지 않는다

「사용자의 키 조작으로 캐릭터를 움직이는 구조」가 완성됐습니다. 그러나 이대로는 게임에서 사용할 수 없습니다. 「보통 이미지를 움직이고 있을 뿐」이므로 적이나 벽이 있어도 충돌하지 않고 그대로 통과해 지나가기 때문입니다.

Figure : 4.3.1

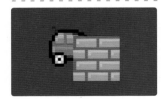

좀 더 물리적인 움직임을 구현하기 위해 「이동할 때에 충돌하는 구조」를 만듭시다.

스크립트를 열심히 작성해서 충돌 기능을 만들 수도 있지만, 그보다는 Unity에 있는 **물리 엔진**을 이용하는 것이 훨씬 편리합니다. 물리 엔진에 있는 **[리지드바디]**와 **[콜라이더]**라는 두 가지 컴포넌트를 사용해 충돌을 감지하고 충돌했을 때 움직이지 못하게 할 수 있습니다.

[리지드바디]는 게임 오브젝트에 **물리적인 움직임을 시키는 컴포넌트**입니다. 물리적인 물체는 벽에 닿으면 거기서 나아가지 않게 되거나 다른 물체와 충돌하면 튕겨서 되돌아오거나 공중에 떠있을 때는 중력의 영향을 받아 낙하하곤 합니다. [리지드바디]는 게임 오브젝트에 이처럼 물리적인 움직임을 시키기 위한 컴포넌트입니다. (중력에 대해서는 「챕터9 중력을 사용한다」에서 자세하게 설명합니다.)

[리지드바디]에는 3D용의 **Rigidbody**와 2D용의 **Rigidbody**가 있습니다. 이 책은 2D 게임을 만드므로 Rigidbody 2D를 사용합니다. XY 평면의 2차원상에서 물리 운동을 행합니다.

Figure : 4.3.2

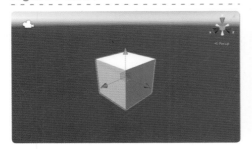

Figure : 4.3.3

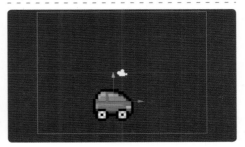

[콜라이더]는 게임 오브젝트에 **충돌을 행하는 형태를 설정하는 컴포넌트**입니다. 예를 들어 2D 게임이면 여러 가지 형태로 그려진 그림이 게임 오브젝트가 된 것인데, 「이 그림의 어디가 충돌할 것인가」를 지정하는 것이 [콜라이더]입니다. 물체와 물체가 충돌할 때는 그림이 아닌 [콜라이더]의 형태를 사용해 충돌이 일어납니다.

[콜라이더]의 형태에는 사각형 **「Box Collider 2D」**, 원형 **「Circle Collider 2D」**, 캡슐형 **「Capsule Collider 2D」**, 그려진 그림에 가까운 형태의 **「Polygon Collider 2D」** 등이 있습니다.

그려진 그림에 가까운 형태로 움직이고 싶겠지만, 그 복잡한 형태로 충돌 판정을 행하면 콜라이더에 부하가 걸려 프로젝트가 무거워지므로 **「Polygon Collider 2D」**는 그다지 추천하지 않습니다. 굴러가지 않는 물체라면 **「Box Collider 2D」**, 구르는 물체라면 **「Circle Collider 2D」**로 간단한 형태를 사용하는 것이 좋습니다. 그려진 그림과 조금 차이는 있으나 게임에서는 거의 상관없습니다.

오브젝트를 선택하고 있을 때 녹색의 선이 표시되는데 이를 보면 콜라이더가 어떤 형태를 하고 있는지 알 수 있습니다.

Figure : 4.3.4

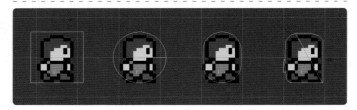

┌─────────── Polygon Collider 2D ───────────┐
│ Polygon Collider 2D를 사용하면 이미지에 가까운 형태가 만들어집니다. │
└───┘

여백이 있는 이미지 전체에 콜라이더가 붙어있으면 충돌했을 때 이미지 속 여백만큼 틈이 벌어지게 됩니다.

Figure : 4.3.5

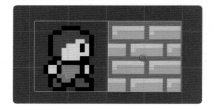

틈을 없애고 싶을 때는 [인스펙터 창]의 Size로 크기를 변경하거나 Offset으로 위치를 조정할 수 있습니다.

Figure : 4.3.6

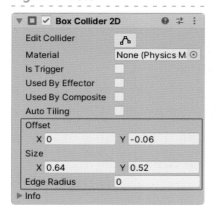

Figure : 4.3.7

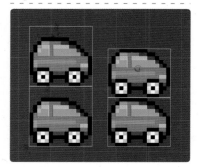

충돌 판정을 시험해본다

충돌 판정이 무엇인지 머리로 생각하고 있다 해도 잘 와 닿지 않을 수 있으니 실제로 움직여서 시험해 봅시다.

공중에서 「자동차」를 떨어뜨려서 「블록」으로 만든 지면으로 받아내겠습니다. 「자동차」는 움직이고 낙하하므로 [리지드바디]와 [콜라이더]를 적용합니다. 「블록」은 움직임이 없지만, 충돌은 일어나므로 [콜라이더]만을 적용합니다.

❶ 먼저, 「자동차(car_0)」와 「블록(block_00)」의 이미지 파일을 Unity의 [프로젝트 창]으로 드래그 앤 드롭해서 읽어 들이고, [씬 뷰]에 배치합니다. 「자동차」 아래에 「블록」을 배치합시다.

Figure : 4.3.8

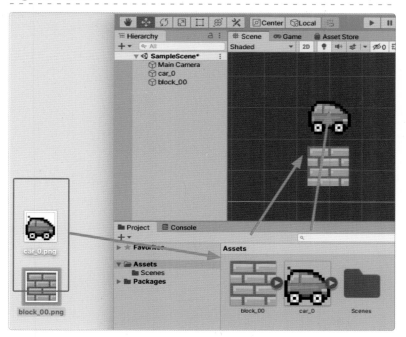

❷ 「자동차」는 움직여서 충돌하므로 [리지드바디]와 [콜라이더]를 적용합시다.

먼저, [인스펙터 창]의 [Add Component]를 클릭하고, [Physics 2D] → [Rigidbody 2D]를 적용합니다.

Figure : 4.3.9

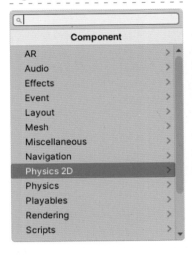

Figure : 4.3.10

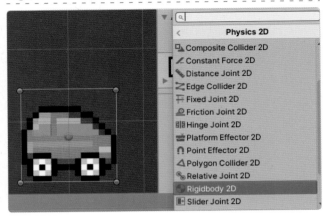

❸ 또한 「자동차」를 선택한 상태에서 [인스펙터 창]의 [Add Component]를 클릭하고, [Physics 2D] →
[Box Collider 2D]를 적용합니다.

Figure : 4.3.11

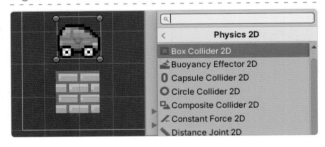

❹ 「블록」은 움직이지 않고 충돌만 하므로 [콜라이더]만 적용합시다. [인스펙터 창]의 [Add
Component]를 클릭하고, [Physics 2D] → [Box Collider 2D]를 적용합니다.

Figure : 4.3.12

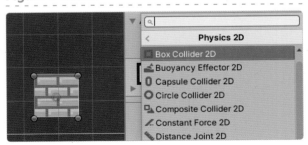

5 「Play」 버튼을 눌러 봅시다. 자동차가 낙하해 블록에 충돌하고 멈추는 걸 알 수 있습니다.

Figure : **4.3.13**

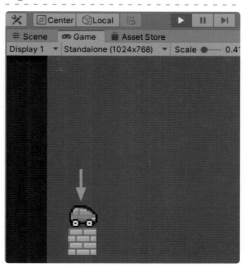

「물리적으로 움직이고 있다」는 걸 조금 더 확인해 봅시다.

1 「자동차」가 「블록」에 반 정도만 부딪히도록 위치를 이동해 봅시다.

Figure : **4.3.14**

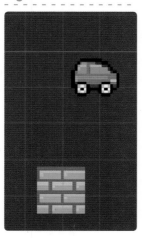

2 「Play」 버튼을 눌러 봅시다. 자동차가 낙하하 고 블록에 충돌했을 때 자동차가 회전해서 떨어져가는 걸 알 수 있습니다.

Figure : **4.3.15**

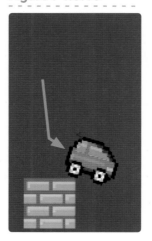

이처럼 게임 오브젝트에 [리지드바디]와 [콜라이더]를 적용하는 것만으로 물리적인 움직임을 시킬 수 있습니다.

이 [Rigidbody 2D]는 **옆에서 본 2D게임을 상정한 물리 엔진**이므로 항상 아래 방향으로 중력이 걸려 있어서 앞서 시도한 것처럼 아래에 아무 것도 없으면 낙하합니다.

「물리적인 리얼한 2D 게임」을 만들고 싶을 때는 이대로 사용하면 되지만 간단한 2D 게임을 만들고 싶을 때는 오히려 이런 물리적인 움직임이 방해가 될 때가 있습니다.

단순하게 「충돌을 조사하거나 충돌로 움직임을 멈추는 기능을 붙이고 싶을 뿐」일 때는 물리적인 움직임을 「부분적으로 오프」로 조정해서 사용하면 됩니다.

예를 들어, 「**중력을 0으로 한다**」로 낙하하지 않게 됩니다. [인스펙터 창]에서 [Rigidbidy 2D]의 [Gravity Scale]을 0으로 합니다.

Figure : **4.3.16**

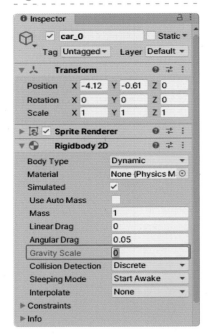

물체가 끝에서 충돌하면 회전하는데 **충돌해도 회전하지 않도록 설정**하면 위, 아래, 왼쪽, 오른쪽 방향을 유지한 채로 게임을 실시할 수 있게 됩니다. [인스펙터 창]에서 [Rigidbody 2D]의 [Constraints]를 클릭하면 항목이 표시됩니다. 이 안의 Freeze Rotation Z에 체크하면 회전하지 않게 됩니다(2D 화면은 XY로 되어 있어서 안쪽으로 향하는 방향이 Z 방향이므로 Z축을 사용한 회전을 멈추면 회전하지 않게 됩니다).

이것들은 [인스펙터 창]과 스크립트에서 지정할 수 있습니다.

[서식] 중력을 0으로 한다

[리지드바디2D].**gravityScale = 0;**

[서식] 충돌해도 회전하지 않게 한다

[리지드바디2D].**constraints = RigidbodyConstraints2D.FreezeRotation**;

이로써 낙하도 하지 않게 되고, 충돌해도 회전하지 않게 되었습니다.

위, 아래, 왼쪽, 오른쪽 키를 누르면
이동한다(리지드바디)

언제, 무엇을 할 것인가?

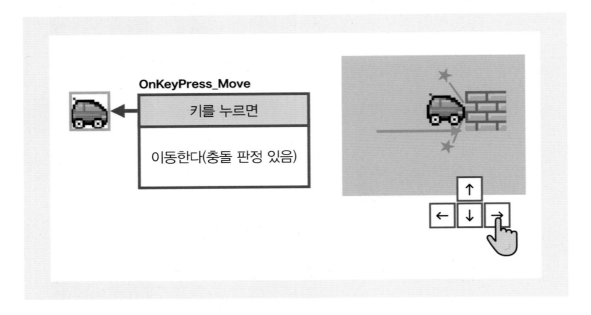

이번에는 충돌 판정을 실시하면서 사용자의 키 조작으로 캐릭터를 움직여 봅시다.

이 챕터의 첫 부분에 「사용자의 키 조작으로 움직이는 스크립트(**OnKeyPress_MoveSprite**)」를 만들었는데 그건 「보통 그림을 이동시키는 스크립트」였으므로 물리 엔진을 고려하지 않았습니다. 그래서 스크립트 **두 군데를** 수정합니다.

「언제」「무엇을 할 것인가?」를 스크립트에 적는다

첫 번째 수정은 게임 시작 시의 처리(Start) 추가입니다. 여기서 캐릭터의 중력을 0으로 하고 충돌해도 회전하지 않도록 지정합니다. 게임 시작 시에 처리하는 스크립트를 적용하면 나중에 [인스펙터 창]에서 일일이 설정하지 않아도 되므로 편리합니다.

```
Rigidbody2D rbody;
void Start()
{
    rbody = GetComponent<Rigidbody2D>();
    rbody.gravityScale = 0;
    rbody.constraints = RigidbodyConstraints2D.FreezeRotation;
}
```

두 번째의 수정은 이동 방법의 변경입니다. **물리 엔진 내에서 이동시킬 때는 [리지드바디]에 이동 속도를 지정**합니다. 어느 정도의 속도로 이동할지를 지정하고 실제로 움직이는 처리는 물리 엔진에게 맡기는 것입니다. 그렇게 함으로써 물리 엔진이 올바른 충돌 처리 등을 행해 주는 것입니다. **transform. Translate()** 메서드를 사용하면 「위치가 갑자기 강제적으로 바뀐다」처럼 물리적으로 부자연스러운 움직임을 보일 수 있기 때문에 이러한 처리가 필요한 것입니다.

[서식] 리지드바디를 적용한 오브젝트에 속도를 지정한다

[리지드바디 2D].**velocity** = new **Vector2(vx, vy);**

「1초 동안 모눈 5만큼 오른쪽으로 이동시키고 싶을 때」는 [**리지드바디 2D**].velocity = new Vector2(5, 0);로 지정합니다. 이해하기 쉽게 1초 지나면(즉, FixedUpdate로 50회 반복하면) 속도를 0으로 하고 멈춰봅시다.

```
int count = 0;
void FixedUpdate( )
{
  if (count == 0)
  {
    this.GetComponent<Rigidbody2D>( ).velocity = new Vector2(5, 0);
  }
  if (count == 50)
  {
    this.GetComponent<Rigidbody2D>( ).velocity = new Vector2(0, 0);
  }
  count = count + 1;
}
```

1초 동안 오른쪽으로 모눈 5만큼 이동합니다.

Figure : 4.4.1

스크립트

그럼 완성한 스크립트를 살펴봅시다.

클래스 이름(파일 이름)은 「키를 누르면」 「이동한다」 스크립트이며, 앞으로 자주 사용하는 스크립트이므로 간단하게 **OnKeyPress_Move**라고 했습니다.

지정할 speed는 1초 동안에 나아가는 거리입니다.

OnKeyPress_Move.cs

```csharp
using System.Collections;
using System.Collections.Generic;
using UnityEngine;

// 키를 누르면 이동한다
public class OnKeyPress_Move : MonoBehaviour
{

    public float speed = 2; // 속도 : Inspector에 지정

    float vx = 0;
    float vy = 0;
    bool leftFlag = false;
    Rigidbody2D rbody;

    void Start() // 처음에 시행한다
    {
        // 중력을 0으로 해서 충돌 시에 회전시키지 않는다
        rbody = GetComponent<Rigidbody2D>();
        rbody.gravityScale = 0;
        rbody.constraints = RigidbodyConstraints2D.FreezeRotation;
    }

    void Update()  // 계속 시행한다
    {
        vx = 0;
        vy = 0;
```

```csharp
    if (Input.GetKey("right")) // 만약 오른쪽 키가 눌리면
    {
        vx = speed; // 오른쪽으로 나아가는 이동량을 넣는다
        leftFlag = false;
    }
    if (Input.GetKey("left")) // 만약 왼쪽 키가 눌리면
    {
        vx = -speed; // 왼쪽으로 나아가는 이동량을 넣는다
        leftFlag = true;
    }
    if (Input.GetKey("up")) // 만약 위쪽 키가 눌리면
    {
        vy = speed; // 위 방향으로 나아가는 이동량을 넣는다
    }
    if (Input.GetKey("down")) // 만약 아래 키가 눌리면
    {
        vy = -speed; // 아래로 나아가는 이동량을 넣는다
    }
}
void FixedUpdate() // 계속 시행한다(일정 시간마다)
{
    // 이동한다
    rbody.velocity = new Vector2(vx, vy);
    // 왼쪽 오른쪽 방향을 바꾼다
    this.GetComponent<SpriteRenderer>().flipX = leftFlag;
}
}
```

만들기

이 스크립트를 사용해서 「위, 아래, 왼쪽, 오른쪽 키를 누르면 충돌 판정을 시행하면서 자동차가 이동하는 무비」를 만들어 봅시다.

1 먼저 「자동차(car_0)」와 「블록(block_00)」 이미지 파일을 Unity의 [프로젝트 창]에 드래그 앤 드롭해서 읽어 들여 [씬 뷰]에 배치합니다.

Figure : 4.4.2

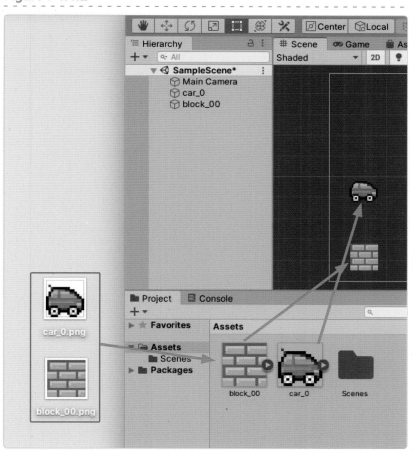

② 「자동차」를 선택하고, [인스펙터 창]의 [Add Component]를 클릭하고, [Physics 2D] → [Rigidbody 2D]를 적용합니다.

Figure : **4.4.3**

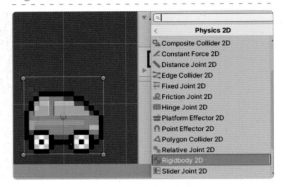

③ 또한 [인스펙터 창]의 [Add Component]를 클릭하고, [Physics 2D] → [Box Collider 2D]를 적용합니다.

Figure : **4.4.4**

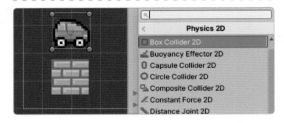

④ 「블록」을 선택하고, [인스펙터 창]의 [Add Component]를 클릭하고, [Physics 2D] → [Box Collider 2D]를 적용합니다.

Figure : **4.4.5**

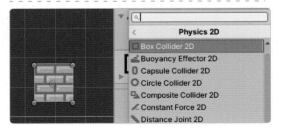

⑤ [프로젝트 창]에 스크립트를 준비합니다.

신규 스크립트로 만들 때

❶ [프로젝트 창]의 메뉴 [+▼] → [C# Script]를 선택하고, 「**OnKeyPress_Move**」라고 이름을 다시 붙입니다. 스크립트를 더블 클릭해 Visual Studio가 실행됩니다. 스크립트를 입력하고, 메뉴에서 [파일] → [저장]을 선택합니다.

Figure : 4.4.6

OnKeyPress_Move.cs

OnKeyPress_Move ▸ Update()

```
using System.Collections;
using System.Collections.Generic;
using UnityEngine;

// 키를 누르면 이동한다
public class OnKeyPress_Move : MonoBehaviour
{

    public float speed = 2; // 속도 : Inspector에 지정

    float vx = 0;
    float vy = 0;
    bool leftFlag = false;
    Rigidbody2D rbody;

    void Start()  // 처음에 시행한다
    {
        // 중력을 0으로 해서 충돌 시에 회전시키지 않는다
        rbody = GetComponent<Rigidbody2D>();
        rbody.gravityScale = 0;
        rbody.constraints = RigidbodyConstraints2D.FreezeRotation;
    }

    void Update()  // 계속 시행한다
    {
        vx = 0;
        vy = 0;
        if (Input.GetKey("right"))  // 만약 오른쪽 키가 눌리면
        {
            vx = speed; // 오른쪽으로 나아가는 이동량을 넣는다
            leftFlag = false;
        }
        if (Input.GetKey("left"))  // 만약 왼쪽 키가 눌리면
        {
            vx = -speed; // 왼쪽으로 나아가는 이동량을 넣는다
            leftFlag = true;
        }
        if (Input.GetKey("up"))  // 만약 위쪽 키가 눌리면
        {
            vy = speed; // 위 방향으로 나아가는 이동량을 넣는다
        }
        if (Input.GetKey("down"))  // 만약 아래 키가 눌리면
        {
            vy = -speed; // 아래로 나아가는 이동량을 넣는다
        }
    }
    void FixedUpdate()  // 계속 시행한다(일정 시간마다)
    {
        // 이동한다
        rbody.velocity = new Vector2(vx, vy);
        // 왼쪽 오른쪽 방향을 바꾼다
        this.GetComponent<SpriteRenderer>().flipX = leftFlag;
    }
}
```

샘플 파일을 사용할 때

① 샘플 파일의 [scripts] → [group2_Move] 안의 「**OnKeyPress_Move**」를 사용합니다.

Figure : 4.4.7

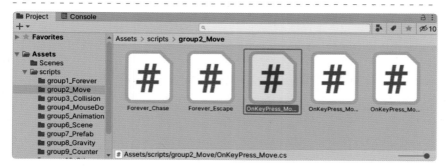

② 스크립트 「**OnKeyPress_Move**」를 게임 오브젝트에 적용합니다. [인스펙터 창]에 [OnKeyPress_
Move(Script)]가 추가되어 있습니다.

Figure : 4.4.8

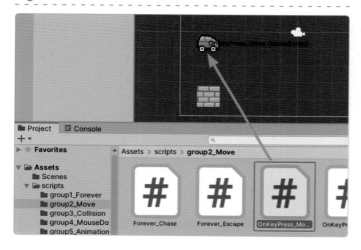

Figure : 4.4.9

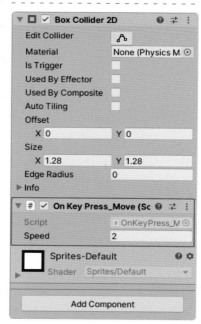

❸ 「Play」 버튼을 눌러 봅시다. 위, 아래, 왼쪽, 오른쪽 키를 누르면 위, 아래, 왼쪽, 오른쪽으로 이동하고 블록에 충돌하면 멈추게 됩니다.

Figure : 4.4.10

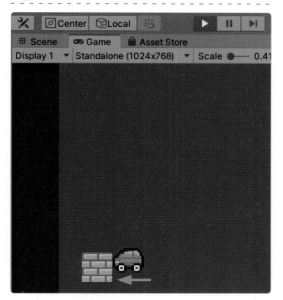

계속 뒤쫓아 간다

언제, 무엇을 할 것인가?

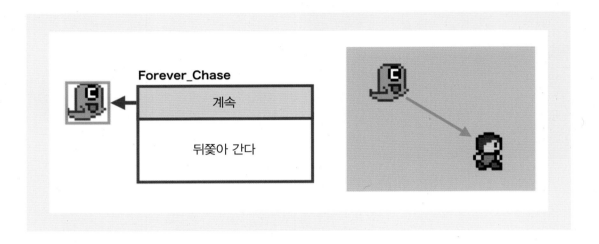

다음은 「뒤쫓아 가는 적」을 만들어 봅시다.

적이 계속 플레이어를 뒤쫓아 가는 스크립트입니다.

「플레이어를 뒤쫓아 간다」라는 건 무슨 뜻일까요? 뒤쫓아 가려면 「플레이어 오브젝트」를 찾아내 자신 (적)의 위치와 플레이어의 위치를 비교하고, 목표 방향으로 이동해야 합니다. 여기에는 「목표 오브젝트 를 찾아낸다」와 「목표로의 방향을 조사한다」라는 두 가지 처리가 필요합니다.

「언제」「무엇을 할 것인가?」를 스크립트에 적는다

「목표 오브젝트」를 찾아내려면 이름을 사용해서 찾는 다음의 명령을 사용할 수 있습니다.

```
GameObject <목표 오브젝트>;
<목표 오브젝트> = GameObject.Find(<목표 이름>);
```

「목표 오브젝트」의 위치를 알았다면 뒤쫓아 갑시다. 자신과 목표 위치를 비교해서 목표 방향으로 이동시킵니다. 다음 명령을 사용하면 목표로의 방향을 구할 수 있습니다.

```
Vector3<방향> = (<목표 오브젝트>.transform.position - this.transform.position).
normalized;
```

「목표 오브젝트를 찾아낸다」「계속 목표 게임 오브젝트의 방향으로 이동한다」를 행하면 뒤쫓아 갈 수 있습니다.

여기서 목표 이름(targetObjectName)을 「public 변수」로 해두면 다음부터 [인스펙터 창]에서 변경할 수 있어 편리합니다.

```
public string targetObjectName;

GameObject targetObject;
Rigidbody2D rbody;

void Start()
{
  targetObject = GameObject.Find(targetObjectName);
  rbody = GetComponent<Rigidbody2D>();
}

void FixedUpdate()
{
  Vector3 dir = (targetObject.transform.position - this.transform.position).
normalized;
  rbody.velocity = new Vector2(dir.x, dir.y);
}
```

normalized를 붙이면 방향은 유지한 채 길이가 1.0 인 벡터가 만들어집니다. 붙이지 않을 때는 「2개 오 브젝트 간의 거리」가 되므로 오브젝트 간 거리가 멀 때는 값이 커지고, 가까울 때는 작아집니다. 그렇기 에 만약 이 값을 사용해서 뒤쫓아 가면 오브젝트 간

거리가 멀 때는 빠르게, 가까울 때는 느리게 쫓아가 게 됩니다. 이와 달리 nomalized를 붙인 경우에는 오브젝트 간 거리에 상관없이 언제나 일정한 속도로 뒤쫓아 가게 됩니다.

스크립트

「계속」「뒤쫓아 간다」 스크립트이므로 클래스 이름(파일 이름)은 **Forever_Chase**로 했습니다. 뒤쫓아 가 는 속도도 다음부터 변경할 수 있도록 speed라는 public 변수를 준비했습니다.

```
Forever_Chase.cs

using System.Collections;
using System.Collections.Generic;
using UnityEngine;

// 계속 뒤쫓아 간다
public class Forever_Chase : MonoBehaviour
{

    public string targetObjectName; // 목표 오브젝트 이름 : Inspector에 지정
    public float speed = 1; // 속도 : Inspector에 지정

    GameObject targetObject;
    Rigidbody2D rbody;

    void Start() // 처음에 시행한다
    {
        // 목표 오브젝트를 찾아낸다
        targetObject = GameObject.Find(targetObjectName);
        // 중력을 0으로 해서 충돌 시에 회전시키지 않는다
        rbody = GetComponent<Rigidbody2D>();
```

```
        rbody.gravityScale = 0;
        rbody.constraints = RigidbodyConstraints2D.FreezeRotation;
    }

    void FixedUpdate() // 계속 시행한다(일정 시간마다)
    {
     // 목표 오브젝트의 방향을 조사해서
        Vector3 dir = (targetObject.transform.position - this.transform.position).
normalized;
        // 그 방향에 지정한 양으로 나아간다
        float vx = dir.x * speed;
        float vy = dir.y * speed;
        rbody.velocity = new Vector2(vx, vy);
        // 이동 방향에서 왼쪽 오른쪽으로 방향을 바꾼다
        this.GetComponent<SpriteRenderer>().flipX = (vx < 0);

    }
}
```

---

flipX = (vx < 0)

「flipX = (vx<0)」는 이동하는 양(vx)을 보고 왼쪽 오른쪽의 방향을 바꿉니다.
만약, vx가 0 이상인 경우 (vx<0)의 식은 성립하지 않기 때문에 false가 되고, flipX에 false가 들어가므로 「왼쪽 오른쪽을 반전한다」는 처리는 시행되지 않습니다.

만약, vx가 0 미만인 경우 (vx<0)의 식이 성립하므로 true가 되고, flipX에 true가 들어가므로 「왼쪽 오른쪽을 반전한다」 처리가 이루어집니다.
즉, vx가 0 이상인지 0 미만인지 여부로 그림의 왼쪽 오른쪽의 방향을 바꿀 수 있습니다.

이것은 「계속」 「뒤쫓아 간다」 스크립트였는데 이동량을 마이너스로 변경하면 반대로 이동하므로 계속 도망가게 됩니다.

「계속」 「도망간다」 스크립트를 만들어 봅시다.

「계속」 「도망간다」이므로 클래스 이름(파일 이름)은 **Forever_Escape**로 했습니다.

```
Forever_Escape.cs

using System.Collections;
using System.Collections.Generic;
using UnityEngine;

// 계속 도망간다
public class Forever_Escape : MonoBehaviour
{

    public string targetObjectName; // 목표 오브젝트 이름 : Inspector로 지정
    public float speed = 1; // 속도 : Inspector에 지정

    GameObject targetObject;
    Rigidbody2D rbody;

    void Start() // 처음에 시행한다
    {
     // 목표 오브젝트를 찾아낸다
        targetObject = GameObject.Find(targetObjectName);
        // 중력을 0으로 해서 충돌 시에 회전시키지 않는다
        rbody = GetComponent<Rigidbody2D>();
        rbody.gravityScale = 0;
        rbody.constraints = RigidbodyConstraints2D.FreezeRotation;
    }

    void FixedUpdate() // 계속 시행한다(일정 시간마다)
    {
        // 목표 오브젝트의 방향을 조사해서
        Vector3 dir = (targetObject.transform.position - this.transform.position).
normalized;
        // 그 반대 방향으로 지정한 양만큼 나아간다
        float vx = dir.x * -speed;
        float vy = dir.y * -speed;
        rbody.velocity = new Vector2(vx, vy);
        // 이동 방향에서 왼쪽 오른쪽으로 방향을 바꾼다
        this.GetComponent<SpriteRenderer>().flipX = (vx < 0);
    }
}
```

만들기

이 스크립트를 사용해서 「유령이 플레이어를 계속 뒤쫓아 가는 무비」를 만들어 봅시다.

1 먼저 「유령(ghost_0)」과 「플레이어(player1R_0)」 이미지 파일을 Unity의 [프로젝트 창]에 드래그 앤 드롭해서 읽어 들여 [씬 뷰]에 배치합니다.

Figure : **4.5.1**

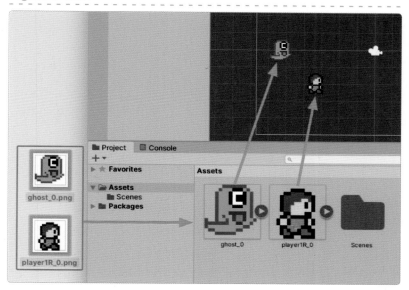

2 「유령」을 선택하고, [인스펙터 창]의 [Add Component]를 클릭하고, [Physics 2D] → [Rigidbody 2D] 를 적용합니다.

Figure : **4.5.2**

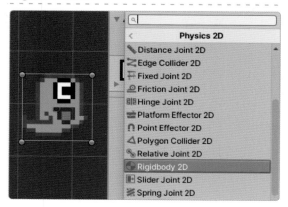

③ [인스펙터 창]의 [Add Component]를 클릭하고, [Physics 2D] → [Box Collider 2D]를 적용합니다.

Figure : 4.5.3

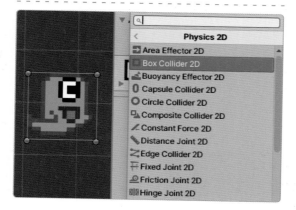

④ 「플레이어」를 선택하고, [인스펙터 창]의 [Add Component]를 클릭하고, [Physics 2D] → [Box Collider 2D]를 적용합니다.

Figure : 4.5.4

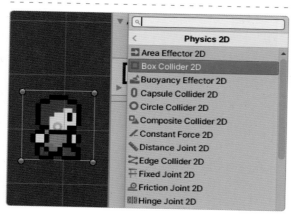

⑤ [프로젝트 창]에 스크립트를 준비합니다.

신규 스크립트로 만들 때

1 [프로젝트 창]의 메뉴 [+▼] → [C# Script]를 선택하고, 「**Forever_Chase**」로 이름을 붙입니다. 스크립트를 더블 클릭하고, Visual Studio에서 스크립트를 입력해 메뉴의 [파일] → [저장]을 선택합니다.

Figure : 4.5.5

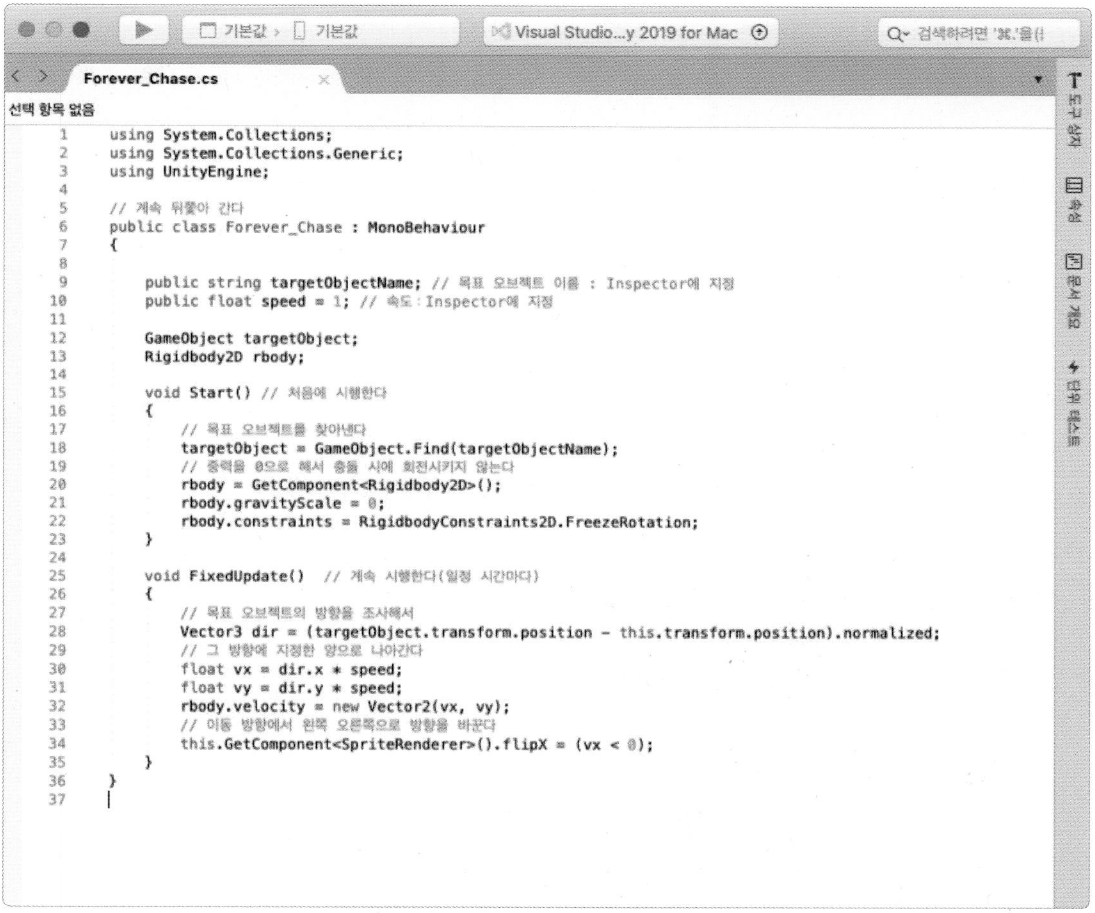

```csharp
using System.Collections;
using System.Collections.Generic;
using UnityEngine;

// 계속 뒤쫓아 간다
public class Forever_Chase : MonoBehaviour
{

    public string targetObjectName; // 목표 오브젝트 이름 : Inspector에 지정
    public float speed = 1; // 속도 : Inspector에 지정

    GameObject targetObject;
    Rigidbody2D rbody;

    void Start() // 처음에 시행한다
    {
        // 목표 오브젝트를 찾아낸다
        targetObject = GameObject.Find(targetObjectName);
        // 중력을 0으로 해서 충돌 시에 회전시키지 않는다
        rbody = GetComponent<Rigidbody2D>();
        rbody.gravityScale = 0;
        rbody.constraints = RigidbodyConstraints2D.FreezeRotation;
    }

    void FixedUpdate()  // 계속 시행한다(일정 시간마다)
    {
        // 목표 오브젝트의 방향을 조사해서
        Vector3 dir = (targetObject.transform.position - this.transform.position).normalized;
        // 그 방향에 지정한 양으로 나아간다
        float vx = dir.x * speed;
        float vy = dir.y * speed;
        rbody.velocity = new Vector2(vx, vy);
        // 이동 방향에서 왼쪽 오른쪽으로 방향을 바꾼다
        this.GetComponent<SpriteRenderer>().flipX = (vx < 0);
    }
}
```

샘플 파일을 사용할 때

1️⃣ 샘플 파일의 [scripts] → [group2_Move] 안의 「**Forever_Chase**」를 사용합니다.

Figure : 4.5.6

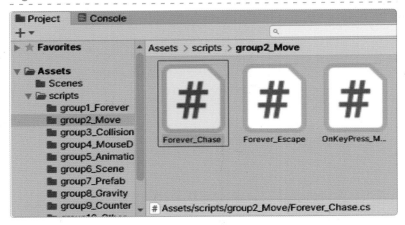

2️⃣ 스크립트 「**Forever_Chase**」를 게임 오브젝트에 적용합니다. [인스펙터 창]에 [Forever_Chase (Script)]가 추가되어 있습니다.

Figure : 4.5.7

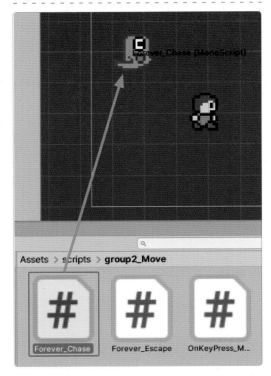

❸ [인스펙터 창]에서 「Target Object Name」에 플레이어
오브젝트의 이름 「**player1R_0**」을 지정합니다.

▼ □ ✓ Box Collider 2D   ❷ ⇄ ⋮

Edit Collider	↳
Material	None (Physics M ⊙
Is Trigger	☐
Used By Effector	☐
Used By Composite	☐
Auto Tiling	☐

Offset

X	0	Y	0

Size

X	1.28	Y	1.28

Edge Radius   0

▶ Info

▼ # ✓ **Forever_Chase (Script)** ❷ ⇄ ⋮

Script	# Forever_Chase ⊙
Target Object Name	player1R_0
Speed	1

□ Sprites-Default   ❷ ✿

▶ Shader   Sprites/Default   ▼

Add Component

❹ 「Play」 버튼을 눌러 봅시다. 유령이 플레이어에 다가오는 걸 알 수 있습니다.

Figure : **4.5.9**

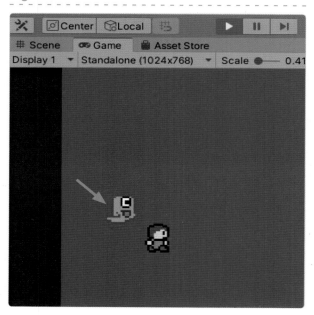

계속 이동하다 무언가와 충돌하면 반전한다

언제, 무엇을 할 것인가?

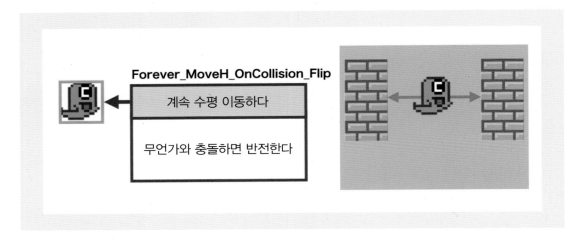

또 다른 「다른 동작을 하는 적의 스크립트」를 만들어 봅시다.

이번에는 「같은 곳을 왔다 갔다 하고, 매복하는 적」입니다.

『같은 곳을 왔다 갔다한다』는 건 무슨 뜻일까?

계속 이동하고 때때로 반전하므로 「계속」 「수평 이동한다」 스크립트와 「때때로」 「반전한다」 스크립트 두 가지를 함께 적용하면 실현할 수 있습니다.

이대로도 좋지만 모처럼 충돌할 수 있게 됐으니 「때때로 반전한다」가 아닌 「벽에 충돌하면 반전한다」와 같이 하려고 합니다. 이러면 양쪽에 벽이 있는 곳에 적 캐릭터를 놓는 것만으로 같은 곳을 왔다 갔다 하며 매복하는 적을 만들 수 있습니다.

「언제」「무엇을 할 것인가?」를 스크립트에 적는다

『무언가와 충돌한 걸 조사한다』에는 다음 명령을 사용할 수 있습니다. [콜라이더]를 적용한 다른 게임 오브젝트와 충돌하면 이 명령이 실행됩니다.

[서식] 목표 게임 오브젝트를 찾아낸다

```
void OnCollisionEnter2D(Collision2D collision)
{
  // 할 것
}
```

챕터3의 「계속 수평으로 이동하는 스크립트」를 속도 지정으로 움직이게 하고. 또한 충돌이 일어나면 속도를 마이너스로 해서 반대 방향으로 이동하게 해봅시다.

```
float speed = 1;
Rigidbody2D rbody;

void Start ()
{
    rbody = GetComponent<Rigidbody2D>();
}
void FixedUpdate()
{
    // 수평으로 이동한다
    rbody.velocity = new Vector2(speed, 0);
}
void OnCollisionEnter2D(Collision2D collision)
{
    speed = -speed;
}
```

스크립트

「계속」「수평 방향으로 이동하다」「충돌하면」「반전한다」 스크립트이므로 클래스 이름(파일 이름)은
Forever_MoveH_OnCollision_Flip로 했습니다.

Forever_MoveH_OnCollision_Flip.cs

```csharp
using System.Collections;
using System.Collections.Generic;
using UnityEngine;

// 계속 이동하고, 충돌하면 반전한다(수평)
public class Forever_MoveH_OnCollision_Flip : MonoBehaviour
{

    public float speed = 1; // 속도 : Inspector에 지정

    Rigidbody2D rbody;

    void Start() // 처음에 시행한다
    {
        // 중력을 0으로 해서 충돌 시에 회전시키지 않는다
        rbody = GetComponent<Rigidbody2D>();
        rbody.gravityScale = 0;
        rbody.constraints = RigidbodyConstraints2D.FreezeRotation;
    }

    void FixedUpdate() // 계속 시행한다(일정 시간마다)
    {
        // 수평으로 이동한다
        rbody.velocity = new Vector2(speed, 0);
    }

    void OnCollisionEnter2D(Collision2D collision) // 충돌했을 때
    {
        speed = -speed; // 나아가는 방향을 반전한다
                        // 나아가는 방향에서 왼쪽 오른쪽의 방향을 바꾼다
```

```
        this.GetComponent<SpriteRenderer>( ).flipX = (speed < 0);
    }
}
```

만들기

이 스크립트를 사용해서 「유령이 왼쪽과 오른쪽 블록 사이를 계속 왔다 갔다 하는 무비」를 만들어 봅시다.

① 먼저 「유령(ghost_0)」과 「블록(block_00)」 이미지 파일을 Unity의 [프로젝트 창]에 드래그 앤 드롭해서 읽어 들여, [씬 뷰]에 배치합니다. 블록을 2개 놓고 그 사이에 「유령」을 둡니다.

Figure : **4.6.1**

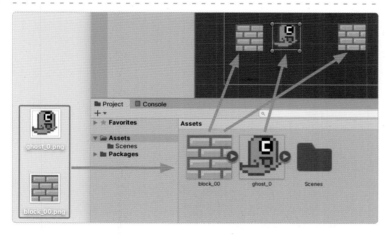

② 「유령」을 선택하고, [인스펙터 창]의 [Add Component]를 클릭하고, [Physics 2D] → [Rigidbody 2D]를 적용합니다.

Figure : **4.6.2**

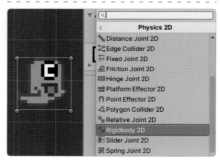

③ [인스펙터 창]의 [Add Component]를 클릭하고, [Physics 2D] → [Box Collider 2D]를 적용합니다.

Figure : 4.6.3

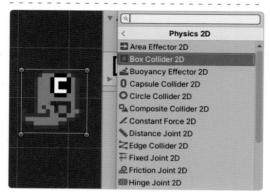

④ 두 개의 「블록」 각각에 [인스펙터 창]의 [Add Component]를 클릭하고, [Physics 2D] → [Box Collider 2D]를 적용합니다.

Figure : 4.6.4

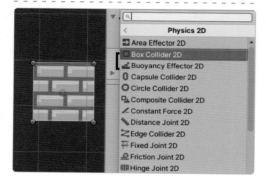

⑤ [프로젝트 창]에 스크립트를 준비합니다.

신규 스크립트로 만들 때

① [프로젝트 창]의 메뉴 [+▼] → [C# Script]를 선택하고, 「**Forever_MoveH_OnCollision_Flip**」으로 다시 이름을 붙입니다. 스크립트를 더블 클릭하고, Visual Studio에서 스크립트를 입력한 후, 메뉴의 [파일] → [저장]을 선택합니다.

Figure : 4.6.5

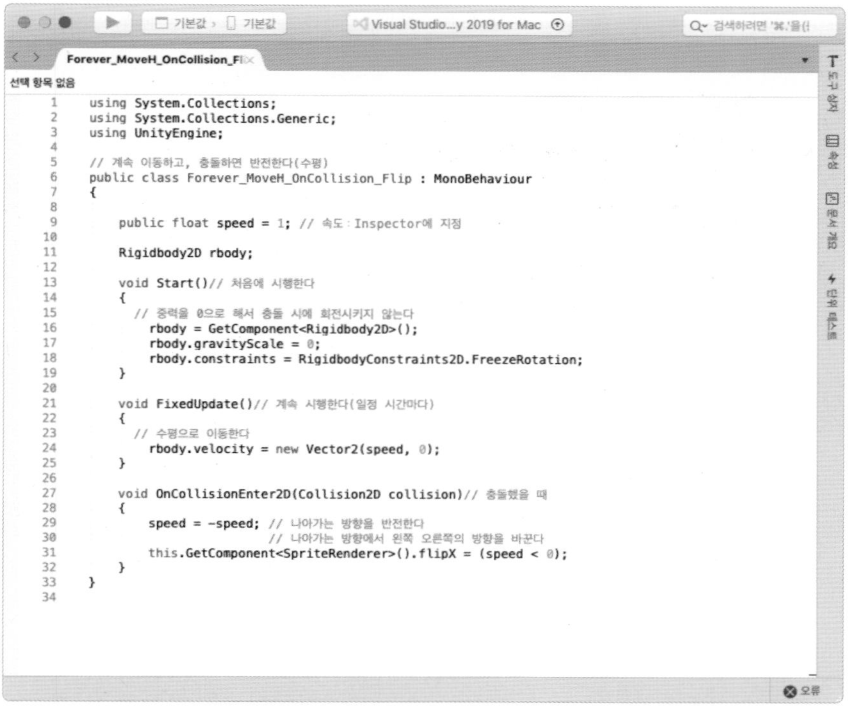

```
1   using System.Collections;
2   using System.Collections.Generic;
3   using UnityEngine;
4
5   // 계속 이동하고, 충돌하면 반전한다(수평)
6   public class Forever_MoveH_OnCollision_Flip : MonoBehaviour
7   {
8
9       public float speed = 1; // 속도 : Inspector에 지정
10
11      Rigidbody2D rbody;
12
13      void Start()// 처음에 시행한다
14      {
15          // 중력을 0으로 해서 충돌 시에 회전시키지 않는다
16          rbody = GetComponent<Rigidbody2D>();
17          rbody.gravityScale = 0;
18          rbody.constraints = RigidbodyConstraints2D.FreezeRotation;
19      }
20
21      void FixedUpdate()// 계속 시행한다(일정 시간마다)
22      {
23          // 수평으로 이동한다
24          rbody.velocity = new Vector2(speed, 0);
25      }
26
27      void OnCollisionEnter2D(Collision2D collision)// 충돌했을 때
28      {
29          speed = -speed; // 나아가는 방향을 반전한다
30                          // 나아가는 방향에서 왼쪽 오른쪽의 방향을 바꾼다
31          this.GetComponent<SpriteRenderer>().flipX = (speed < 0);
32      }
33  }
34
```

샘플 파일을 사용할 때

① 샘플 파일의 [scripts] → [group3_Collision] 안의 「**Forever_MoveH_OnCollision_Flip**」을 사용합니다.

Figure : 4.6.6

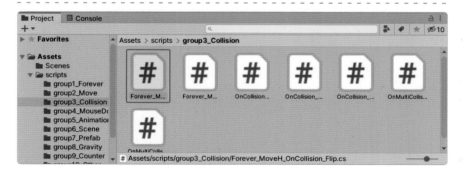

② 스크립트 「**Forever_MoveH_OnCollision_Flip**」을 게임 오브젝트에 적용합니다. [인스펙터 창]에 [Forever_MoveH_OnCollision_Flip(Script)]가 추가되어 있습니다.

Figure : **4.6.7**

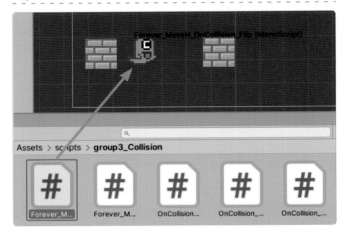

Figure : **4.6.8**

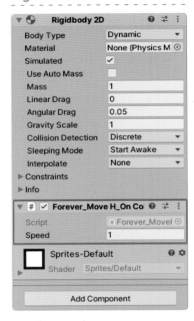

③ 「Play」 버튼을 눌러 봅시다. 유령이 블록과 블록 사이를 왔다 갔다하는 것을 알 수 있습니다.

Figure : **4.6.9**

완성!

무언가와 충돌하면
게임을 정지한다

게임의 재생과 정지는 Timer로

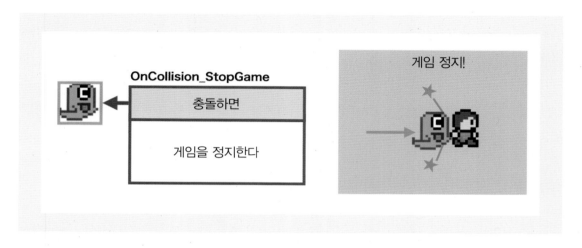

이번에는 「충돌하면 게임을 정지하는 스크립트」를 만들어 봅시다.

「적」이 「플레이어」와 충돌하면 게임이 정지하는 장치입니다.

게임 전체의 움직임을 멈추는 구조입니다. 어려울 것 같지만 FixedUpdate를 사용하면 간단하게 멈출 수 있습니다.

일정 시간마다 계속 실행하는 FixedUpdate는 「**Time.timeScale = 0;**」으로 반복을 정지할 수 있습니다. FixedUpdate의 반복이 멈추면 안에서 이동시켰던 게임 오브젝트도 움직이지 않게 되고, 게임이 정지되는 것입니다.

「언제」「무엇을 할 것인가?」를 스크립트에 적는다

FixedUpdate를 멈추려면 다음의 명령을 사용합니다.

> **[서식]** 시간을 멈추고, FixedUpdate를 정지한다
>
> Time.timeScale = 0;

반대로 시간을 움직일 때는 다음 명령을 사용합니다.

> **[서식]** 시간을 움직이고, FixedUpdate를 계속 실행한다
>
> Time.timeScale = 1;

OnCollisionEnter2D를 사용해서 **충돌했을 때**에 시간을 멈추면 게임이 정지됩니다. 그러나 「적」이 아닌 「벽」, 「블록」과 충돌했을 때 게임이 멈추면 곤란합니다. 충돌한 것이 「적」일 때만 게임이 멈추도록 해야 합니다.

그러기 위해서는 「충돌한 게임 오브젝트가 무엇인가?」를 조사해야 합니다. 그것에는 **게임 오브젝트의 이름**을 사용합니다.

```
void OnCollisionEnter2D(Collision2D collision)
{
  if (collision.gameObject.name == <목표 오브젝트의 이름>)
  {
    // 할 것
  }
}
```

이로써 목표 오브젝트와 충돌했을 때만 게임을 정지시킬 수 있게 되었습니다.

스크립트

그럼 완성한 스크립트를 살펴봅시다.

「무언가와 충돌하면」「게임을 정지한다」스크립트이므로 클래스 이름(파일 이름)은 **OnCollision_StopGame**으로 했습니다.

```
OnCollision_StopGame.cs

using System.Collections;
using System.Collections.Generic;
using UnityEngine;

// 충돌하면 게임을 정지한다
public class OnCollision_StopGame : MonoBehaviour
{

    public string targetObjectName; // 목표 오브젝트 이름 : Inspector에 지정

    void Start() // 처음에 시행한다
    {
        // 시간을 움직인다
        Time.timeScale = 1;
    }

    void OnCollisionEnter2D(Collision2D collision) // 충돌했을 때
    {
        // 만약 충돌한 것의 이름이 목표 오브젝트였다면
        if (collision.gameObject.name == targetObjectName)
        {
            // 시간을 멈춘다
            Time.timeScale = 0;
        }
    }
}
```

처음에 시간을 움직여 두는 이유

이 스크립트에서는 목표 오브젝트와 충돌했을 때 게임의 시간을 멈추고, 처음에는 일부러 시간이 움직이도록 처리하고 있습니다.

이것은 리플레이를 손쉽게 하기 위함입니다. 게임 시간을 멈추면 리플레이하기 위해서 게임을 리로드 (씬 다시 읽기) 해도 게임 시간이 멈춘 채 시작됩니다. 그렇기 때문에 처음에 시간을 움직이는 처리를 해두어야 리플레이를 시작할 때, 시간이 멈추지 않고 자연스럽게 게임을 진행할 수 있게 됩니다. 씬의 전환에 대해서는 챕터7에서 설명합니다.

무언가와 충돌하면
무언가를 표시한다

무언가와 충돌하면 무언가를 지운다

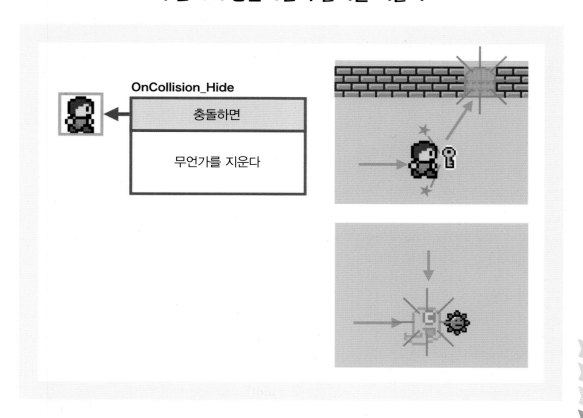

이번은 「무언가와 충돌하면 무언가가 사라지는 스크립트」를 만들어 봅시다.

「뭔가와 충돌하면 무언가가 사라진다」는 것은 게임에서 여러 가지 장치에 사용할 수 있습니다.

「플레이어」가 「열쇠」에 충돌하면 「문」이 사라지는 미로 탈출에 사용할 수 있고, 「적」이 「덫」에 충돌하면 「적 자신」이 사라지는 공격 등 아이디어에 따라 다양하게 사용할 수 있습니다.

「언제」「무엇을 할 것인가?」를 스크립트에 적는다.

게임 오브젝트를 지우거나 표시하려면 다음의 명령을 사용합니다.

[서식] 게임 오브젝트를 지운다

```
<게임 오브젝트>.SetActive(false);
```

[서식] 게임 오브젝트를 표시한다

```
<게임 오브젝트>.SetActive(true);
```

이를 사용하려면 「어떤 게임 오브젝트를 지울 것인가?」를 분명히 해둬야 합니다. 특정한 게임 오브젝트를 지정하는 방법에는 게임 오브젝트를 변수에 넣어 두고 이름으로 조사하는 방법이 있습니다.

「목표 오브젝트의 이름」과 「지우는 오브젝트의 이름」을 지정해 두고, 만약 목표 오브젝트와 충돌하면 지울 오브젝트를 찾아 지우는 방법입니다.

```
public string targetObjectName;
public string hideObjectName;

void OnCollisionEnter2D(Collision2D collision)
{
    if (collision.gameObject.name == targetObjectName)
    {
        GameObject hideObject = GameObject.Find(hideObjectName);
        hideObject.SetActive(false)
    }
}
```

스크립트

「충돌했을 때」「지운다」 스크립트이므로 클래스 이름(파일 이름)은 **OnCollision_Hide**로 했습니다.

```csharp
OnCollision_Hide.cs

using System.Collections;
using System.Collections.Generic;
using UnityEngine;

// 충돌하면 지운다
public class OnCollision_Hide : MonoBehaviour
{

    public string targetObjectName; // 목표 오브젝트 이름  : Inspector에 지정
    public string hideObjectName; // 지울 오브젝트 이름  : Inspector에 지정

    void Start() // 처음은 아무 것도 하지 않는다
    {
    }

    void OnCollisionEnter2D(Collision2D collision) // 충돌했을 때
    {
        // 만약 충돌한 것의 이름이 목표 오브젝트였다면
        if (collision.gameObject.name == targetObjectName)
        {
            // 지울 오브젝트를 찾아서
            GameObject hideObject = GameObject.Find(hideObjectName);
            hideObject.SetActive(false); // 지운다
        }
    }
}
```

무언가와 충돌하면 무언가를 표시한다

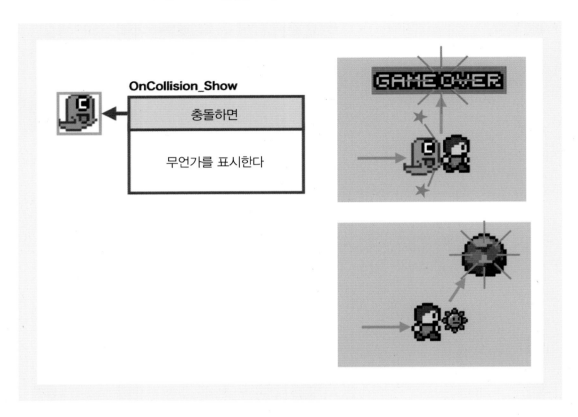

이번에는 반대로 「무언가와 충돌하면 무언가를 표시한다」라는 스크립트를 만들어 봅시다.

이것도 여러 가지 장치에 사용할 수 있습니다.

「적」이 「플레이어」와 충돌하면 「게임 오버」라는 이미지를 표시하는 데에 사용할 수 있습니다. 적이 「플레이어」와 충돌하면 게임을 정지하는 장치와 함께 사용하면 바로 게임 오버가 됩니다. 또한, 「플레이어」가 「함정」에 충돌하면 「바위」라는 장애물을 출현시키는 장치에도 사용할 수 있습니다.

다만, 표시하는 경우는 조금 생각해봐야 합니다. 지울 경우엔 「무엇을」 지울 것인지를 지정하기만 하면 되지만, 표시할 때는 「무엇을」 「어디에」 표시할지를 지정해야 하기 때문입니다. 이번에는 간단하게 「미리 표시할 것을 배치해 두고 게임 시작 시에 지우고 충돌했을 때에 표시한다」는 방법으로 실현하려고 합니다. 지울 때에 게임 오브젝트를 기억해 두고 충돌했을 때 기억해 두었던 게임 오브젝트를 표시하는 것입니다.

(챕터8에서 시행하는 프리팹을 사용해서 「새롭게 등장」 시키는 방법도 있습니다.)

```
public string targetObjectName;
public string showObjectName;

GameObject showObject;
void Start( )
{
    showObject = GameObject.Find(showObjectName);
    showObject.SetActive(false);
}

void OnCollisionEnter2D(Collision2D collision)
{
    if (collision.gameObject.name == targetObjectName)
    {
        showObject.SetActive(true);
    }
}
```

스크립트

「충돌했을 때」「표시한다」 스크립트이므로 클래스 이름(파일 이름)은 **OnCollision_Show**로 했습니다.

OnCollision_Show.cs

```
using System.Collections;
using System.Collections.Generic;
using UnityEngine;

// 충돌하면 표시한다
public class OnCollision_Show : MonoBehaviour
{

    public string targetObjectName; // 목표 오브젝트 이름 : Inspector에 지정
    public string showObjectName;   // 표시 오브젝트 이름 : Inspector에 지정
```

```
GameObject showObject;

void Start( )  // 처음에 시행한다
{
  // 지우기 전에 표시 오브젝트를 기억해 둔다
  showObject = GameObject.Find(showObjectName);
  showObject.SetActive(false);  // 지운다
}

void OnCollisionEnter2D(Collision2D collision)  // 충돌했을 때
{
  // 만약 충돌한 것의 이름이 목표 오브젝트면
  if (collision.gameObject.name == targetObjectName)
  {
    showObject.SetActive(true);  // 지웠던 것을 표시한다
  }
}
}
```

[샘플 앱] 뒤쫓아 가는 게임

Figure : 4.8.1 게임 화면

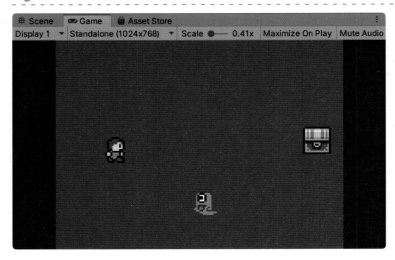

이제까지의 스크립트를 사용해 「뒤쫓아 가는 게임」을 만들어 봅시다.

[게임 규칙]

- 「유령」이 「플레이어」를 뒤쫓아 가고, 플레이어가 도망가는 게임입니다. 충돌하면 「게임 오버」입니다.
- 그러나 「플레이어」가 「보물상자」에 충돌하면 「게임 클리어」입니다.

[필요한 이미지]

이 게임에 필요한 게임 오브젝트는 다음과 같습니다.

- 「플레이어 (player1R_0)」
- 「유령 (ghost_0)」
- 「보물상자 (treasure)」
- 「GAMEOVER (gameover)」
- 「GAMECLEAR (gameclear)」

[필요한 스크립트]

이 게임에 필요한 스크립트는 다음과 같습니다.

- 「위, 아래, 왼쪽, 오른쪽 키를 누르면 이동한다 (**OnKeyPress_Move**)」
- 「계속 뒤쫓아 간다 (**Forever_Chase**)」
- 「충돌하면 뭔가를 표시한다 (**OnCollision_Show**)」
- 「충돌하면 게임을 정지한다 (**OnCollision_StopGame**)」

1 먼저 [Game] 탭을 선택하고, 바로 아래의 메뉴에서 [Standalone(1024×768)]을 선택합니다.

Figure : **4.8.2**

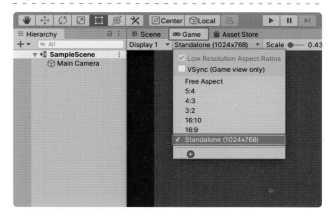

❷ [Scene] 탭을 선택해서, 씬 화면으로 전환합니다. 그리고, 「Main Camera」를 선택하고 [인스펙터 창]
의 [Camera] → [Background]로 배경색을 선택합니다.

Figure : **4.8.3**

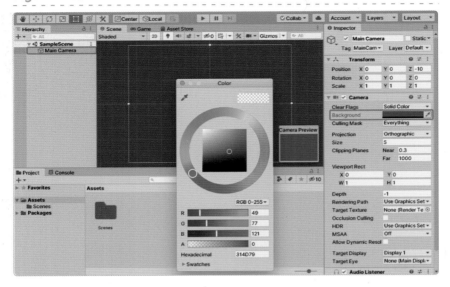

❸ 먼저 「플레이어」 「유령」 「보물상자」 「GAMEOVER」 「GAMECLEAR」 이미지 파일을 Unity의 [프로젝트
창]에 드래그 앤 드롭해서 읽어 들이고, [씬 뷰]에 배치해서 게임 화면을 만듭니다. 스크립트도 [프
로젝트 창]에 드래그 앤 드롭해서 읽어 들입니다.

Figure : **4.8.4**

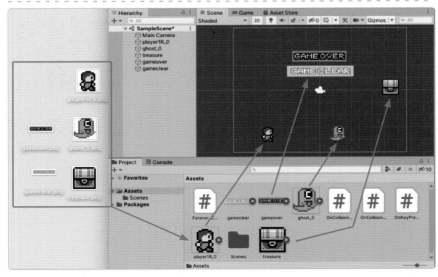

④ 「플레이어」를 선택하고, [인스펙터 창]의 [Add Component]를 클릭해서 [Physics 2D] →[Rigidbody 2D]와 [Physics 2D] → [Box Collider 2D]를 적용합니다.

Figure : **4.8.5**

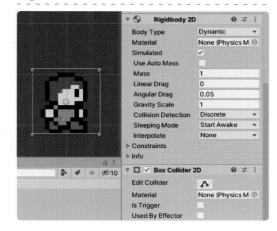

⑤ 「유령」을 선택하고, [인스펙터 창]의 [Add Component]를 클릭해서 [Physics 2D] → [Rigidbody 2D]와 [Physics 2D] → [Box Collider 2D]를 적용합니다.

Figure : **4.8.6**

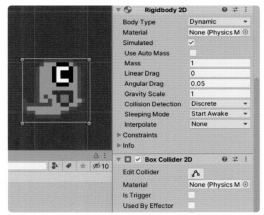

⑥ 「보물상자」를 선택하고, [인스펙터 창]의 [Add Component]를 클릭해서 [Physics 2D] → [Box Collider 2D]를 적용합니다.

Figure : **4.8.7**

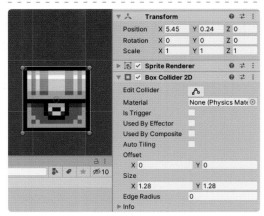

Figure : 4.8.8

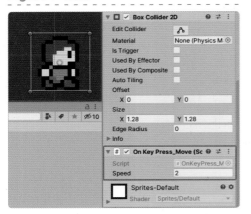

⑦ 「플레이어」에 「위, 아래, 왼쪽, 오른쪽 키를 누르면 이동한다(**OnKeyPress_Move**)」를 적용합니다.

Figure : 4.8.9

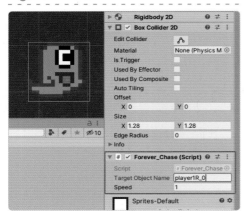

⑧ 「유령」에 「계속 뒤쫓아 간다(**Forever_Chase**)」를 적용하고, [인스펙터 창]에서 「Target Object Name」에 뒤쫓아 가는 플레이어의 이름 「player1R_0」을 지정합니다.

Figure : 4.8.10

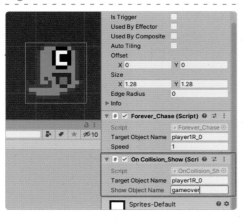

⑨ 또한, 「충돌하면 무언가를 표시한다(**OnCollision_Show**)」를 적용하고, [인스펙터 창]에서 「Target Object Name」에 플레이어 오브젝트의 이름 「player1R_0」과 「Show Object Name」에 게임 오버의 이름 「gameover」를 지정합니다.

Figure : 4.8.11

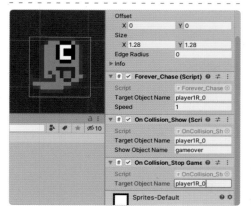

⑩ 또한,「충돌하면 게임을 정지한다(**OnCollision_ StopGame**)」을 적용하고,「인스펙터 창」에서 「Target Object Name」에 플레이어 오브젝트 의 이름「player1R_0」을 지정합니다.

Figure : 4.8.12

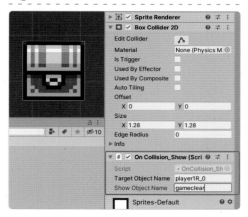

⑪ 「보물상자」에 「충돌하면 무언가를 표시한다 (**OnCollision_Show**)」를 적용하고, [인스펙터 창]에서 「Target Object Name」에 플레이어 오 브젝트의 이름「player1R_0」과 「Show Object Name」에 게임 클리어의 이름「gameclear」를 지정합니다.

Figure : 4.8.13

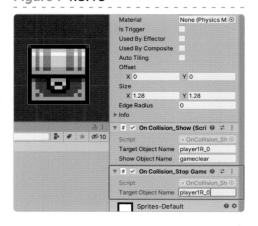

⑫ 또한 「충돌하면 게임을 정지한다(**OnCollision_ StopGame**)」을 적용하고 [인스펙터 창]에서 「Target Object Name」에 플레이어 오브젝트 의 이름「player1R_0」을 지정합니다.

⓭ 이로써 「뒤쫓아 가는 게임」 완성입니다. 「Play」 버튼을 누르고 플레이해 봅시다.

Figure : 4.8.14

완성!

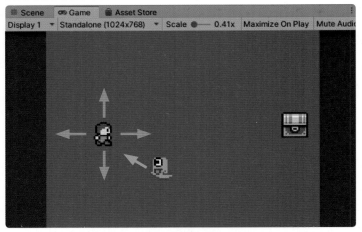

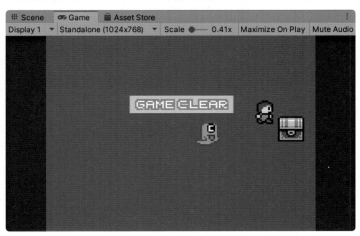

이 책에서는 이해하기 쉽도록 매우 단순한 스크립트로 만들었습니다. 그렇기 때문에 만능 스크립트는 아닙니다. 예를 들어, 「충돌하면 무언가를 표시한다(**OnCollision_Show**)」 스크립트는 「어떤 한 마리의 유령과 충돌했을 때만 게임 오버를 표시한다」라는 1대 1의 개념으로 만들고 있습니다. 「많은 유령 중 어느 것과 충돌해도 게임 오버라고 표시한다」라는 사용법은 가능하지 않습니다. 많은 유령을 등장시키려고 하면 이상해질 수 있습니다.

일반적인 프로그램에서도 「**지금까지 제대로 움직였는데 여러 가지 추가했더니 움직임이 이상해졌다**」라는 경우가 있습니다. 그럴 때는 「**상황이 복잡해지면서 스크립트가 상정하고 있던 조건을 넘고 말았다**」라고 생각할 수 있습니다.

그럴 때는 전혀 다른 프로그램을 만들거나 프로그램을 개량해서 대응합니다.

이번에는 스크립트를 개량해서 「많은 적 중 어느 것과 충돌해도 게임 오버라고 표시할 수 있는 스크립트」를 생각해 봤습니다.

「게임 오버」를 지울 때 「showObject.SetActive (false)」를 사용해서 지우고 있는데 이건 첫 번째 이외의 유령은 「게임 오버」를 찾아낼 수 없게 됩니다. 그래서 지우는 것이 아닌 Y 좌표에 10000을 더해서 「화면 밖에 나와서 사라진다」는 방법으로 바꿔서 간단하고 쉽게 대응했습니다.

클래스 이름(파일 이름)은 「여러 개 적용한 것 중의 무언가에 충돌했을 때」, 「표시한다」 스크립트이므로 **OnMultiCollision_Show**로 했습니다.

OnMultiCollision_Show.cs

```csharp
using System.Collections;
using System.Collections.Generic;
using UnityEngine;

// 충돌하면 표시한다(여러 개 대응)
public class OnMultiCollision_Show : MonoBehaviour
{

    public string targetObjectName; // 목표 오브젝트 이름 : Inspector에 지정
    public string showObjectName; // 표시 오브젝트 이름 : Inspector에 지정

    GameObject showObject;
    float orgY = 0;
    float ofsetY = 10000; // 이 값을 Y 방향에 더하는 것으로 지운다

    void Start( ) // 처음에 시행한다
    {

        // 지우기 전에 표시 오브젝트를 기억해둔다
        showObject = GameObject.Find(showObjectName);
```

```
        // 지운다 (showObject.SetActive(false); 대신)
        orgY = showObject.transform.position.y;
        if (orgY > ofsetY)
        {
            orgY -= ofsetY;
        }
        Vector3 pos = showObject.transform.position;
        pos.y = orgY + ofsetY;
        showObject.transform.position = pos;
    }

    void OnCollisionEnter2D(Collision2D collision)  // 충돌했을 때
    {
        // 만약 충돌한 것의 이름이 목표 오브젝트였다면
        if (collision.gameObject.name == targetObjectName)
        {
            // 표시하는 (showObject.SetActive(true); 대신)
            Vector3 pos = showObject.transform.position;

            pos.y = orgY;
            showObject.transform.position = pos;
        }
    }
}
```

Chapter 5

마우스로 터치한 것을
조사한다

5.1
충돌 판정으로 마우스의 터치를 조사한다

마우스 터치는 Box Collider 2D로 조사한다

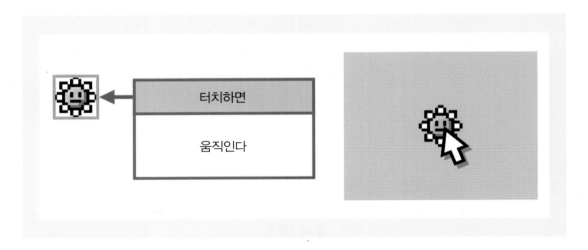

이 챕터에서는 「마우스로 터치하면 움직이는 장치」를 만듭니다.

터치를 조사하는 방법에는 여러 가지가 있는데 마우스의 터치는 [Box Collider 2D]를 사용하면 간단하게 조사할 수 있습니다. [Box Collider 2D]를 사용해서 「터치하면 사라지는 구조」「터치하면 회전하는 구조」「터치하면 잠시 회전하고 멈추는 구조」 등을 만듭니다.

Figure : 5.1.1 터치하면 사라진다

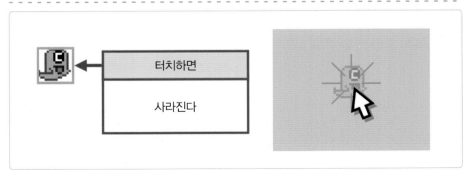

Figure : 5.1.2 터치하면 계속 회전한다

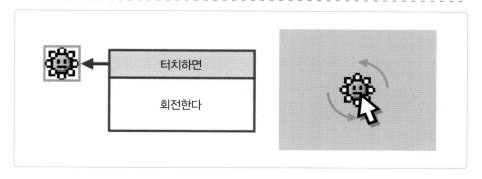

Figure : 5.1.3 터치하면 룰렛처럼 회전하고 멈춘다

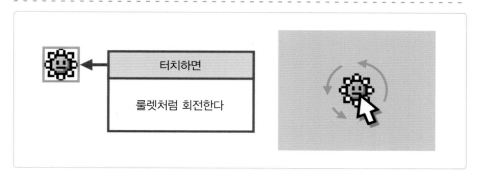

「언제」「무엇을 할 것인가?」를 스크립트에 적는다

「게임 오브젝트가 마우스로 터치된 순간」을 조사하는 데는 다음의 명령을 사용합니다.

> **[서식]** 마우스로 터치하면 무언가를 한다
>
> ```
> void OnMouseDown( )
> {
>   // 할 것
> }
> ```

충돌 판정을 할 수 있도록 게임 오브젝트에 [Box Collider 2D]를 붙여 놓습니다. 그러면 「게임 오브젝트」와 「마우스 터치」의 충돌을 감지하게 되어, 게임 오브젝트를 마우스로 터치했을 때 OnMouseDown 이 실행됩니다.

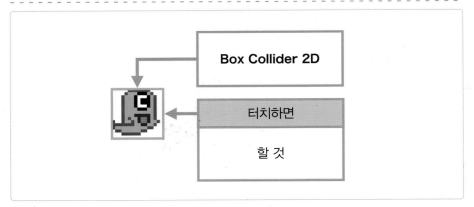

터치를 조사하는 방법

터치를 조사하는 방법은 이 외에도 여러 가지가 있습니다. MouseDown은 **컴퓨터의 마우스**만 사용할 수 있기 때문에 스마트폰의 터치 등을 조사하는 데는 다른 방법으로 행합니다.

게임 화면을 터치했을 때, 화면의 그 점에서 안쪽 방향으로 광선(Ray)을 쏘아서 뭔가에 충돌하는지 여부를 조사하는 방법입니다. 게임 화면이란 카메라로부터 본 영상이므로 카메라의 시점을 사용해서 조사합니다. 이 방법을 **Raycast**라고 합니다

```
if (Input.GetMouseButtonDown(0)) // 만약 마우스가 눌리면
{
  // 카메라로부터 화면의 안쪽으로 Ray를 쏘고
  var wPos = Camera.main.ScreenToWorldPoint(Input.mousePosition);
  var hit = Physics2D.Raycast(wPos, Vector2.zero);
  if (hit) // 만약 무언가에 부딪치고, 그것이 이것이라면
  {
    if (hit.collider.gameObject.name == this.name)
    {
      // 할 것
    }
  }
}
```

터치하면 사라진다

언제, 무엇을 할 것인가?

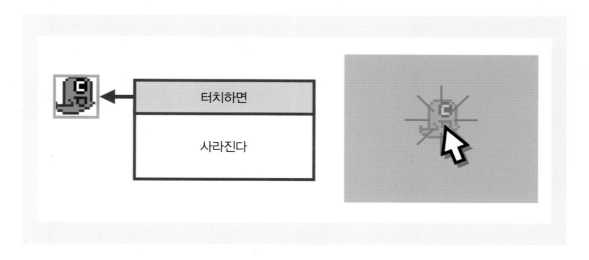

먼저 마우스로 터치하면 터치한 것이 사라지는 구조를 만들어 봅시다.

이것은 다양하게 사용할 수 있는 구조입니다.

「언제」「무엇을 할 것인가?」를 스크립트에 적는다

게임 오브젝트는 「SetActive(false)」라는 명령으로 지울 수 있습니다. 「상대의 게임 오브젝트」에 명령하면 지정한 게임 오브젝트를 지울 수 있으며, 「자기 자신의 게임 오브젝트」에 명령하면 자기 자신을 지울 수도 있습니다.

「마우스로 터치했을 때」에 「자기 자신을 지운다」 명령을 실행하면 「마우스로 터치하면 터치한 것이 사라진다」 스크립트가 만들어집니다.

```
void OnMouseDown()
{
    this.gameObject.SetActive(false);
}
```

스크립트

「마우스로 터치하면」 「지운다」이므로 클래스 이름(파일 이름)은 **OnMouseDown_Hide**로 했습니다.

OnMouseDown_Hide.cs

```
using System.Collections;
using System.Collections.Generic;
using UnityEngine;

// 터치하면 지운다
public class OnMouseDown_Hide : MonoBehaviour
{
```

```
  void OnMouseDown() // 터치하면
  {
    this.gameObject.SetActive(false); // 지운다
  }
}
```

만들기

이 스크립트를 사용해 「마우스로 터치하면 유령이 사라지는 무비」를 만들어 봅시다.

① 먼저 「유령(ghost_0)」의 이미지 파일을 Unity의 [프로젝트 창]에 드래그 앤 드롭해서 읽어 들여, [씬 뷰]에 배치합니다.

Figure : 5.2.1

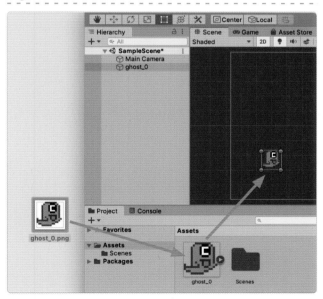

② 「유령」을 선택하고, [인스펙터 창]의 [Add Component]를 클릭한 후, [Physics 2D] → [Box Collider 2D]를 적용합니다.

Figure : 5.2.2

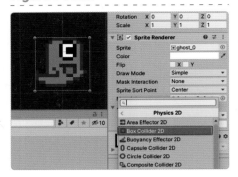

③ [프로젝트 창]에 스크립트를 준비합니다. [프로젝트 창]의 메뉴 [+▼] → [C# Script]를 선택하고, 「**OnMouseDown_Hide**」라고 다시 이름을 붙입니다. 스크립트를 더블 클릭해서 Visual Studio에서 스크립트를 입력하고, 메뉴의 [파일] → [저장]을 선택합니다.

Figure : 5.2.3

```
using System.Collections;
using System.Collections.Generic;
using UnityEngine;

// 터치하면 지운다
public class OnMouseDown_Hide : MonoBehaviour
{

    void OnMouseDown()// 터치하면
    {
        this.gameObject.SetActive(false); // 지운다
    }
}
```

(※샘플 파일을 사용할 때는 「scripts」 → 「group4_MouseDown」 안의 「**OnMouseDown_Hide**」를 사용합니다.)

Figure : 5.2.4

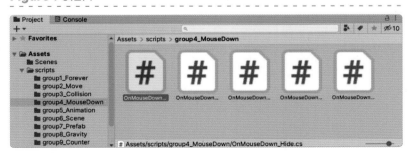

④ 스크립트 「**OnMouseDown_Hide**」를 게임 오브젝트에 적용합니다. [인스펙터 창]에 [OnMouseDown_Hide(Script)]가 추가됩니다.

Figure : 5.2.5

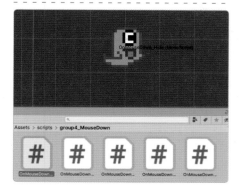

Figure : 5.2.6

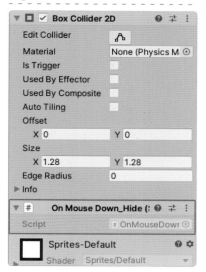

⑤ 「Play」 버튼을 눌러 봅시다. 마우스로 터치하면 유령이 사라지는 걸 알 수 있습니다.

Figure : 5.2.7

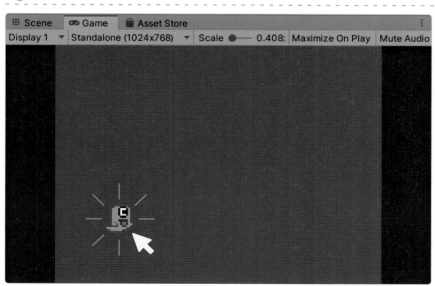

터치하면 계속 회전한다

언제, 무엇을 할 것인가?

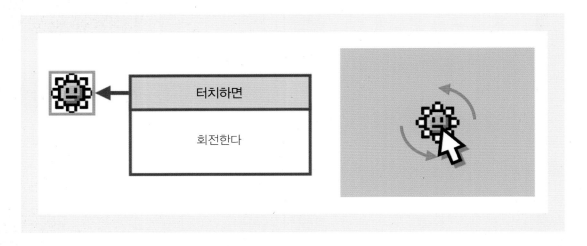

다음은 마우스로 터치하고 있는 동안 계속 회전시키는 구조를 만들어 봅시다.

「터치하면 사라진다」와 비슷하지만 조금 차이가 있습니다.

「언제」「무엇을 할 것인가?」를 스크립트에 적는다

마우스로 터치한 순간은 「OnMouseDown」으로 알 수 있습니다. 다만 터치한 순간에 각도를 바꾸면 각도가 한 번 바뀔 뿐입니다. 「계속 회전」 시키려면 FixedUpdate를 이용합니다.

미리 회전 각도를 넣는 변수를 준비해 두고, FixedUpdate에서는 「그 값을 사용해 계속 회전한다」는 구조를 만들어 둡니다. 처음에는 멈춰 두므로 회전 각도에는 0을 넣어 둡니다. 그 후, 「OnMouseDown」으로 터치한 순간에 회전 각도를 지정합니다. 그렇게 하면 FixedUpdate에서는 「그 값을 사용해서 계속 회전한다」이므로 계속 회전하는 것입니다.

```
float rotateAngle = 0;

void OnMouseDown()
{
  rotateAngle = 360;
}
void FixedUpdate()
{
  this.transform.Rotate(0,0,rotateAngle/50);
}
```

그러나 이대로는 한 번 터치하면 계속 회전해서 멈추지 않게 됩니다.

터치를 그만하면 멈추도록 「마우스로 터치하는 걸 그만하면 무언가를 한다」는 명령을 사용합니다.

그것이 「OnMouseUp」입니다.

[서식] 마우스로 터치를 그만하면 무언가를 한다

```
void OnMouseUp()
{
  // 할 것
}
```

「OnMouseUp」에서 회전 각도를 0으로 지정하면 회전은 멈춥니다. 이로써 「마우스로 터치하고 있는 동안 계속 회전시킨다」라는 구조를 만들 수 있는 것입니다.

```
float rotateAngle = 0;

void OnMouseDown()
{
  rotateAngle = 360;
}

void OnMouseUp()
{
  rotateAngle = 0;
}

void FixedUpdate()
```

```
{
    this.transform.Rotate(0, 0, rotateAngle/50);
}
```

스크립트

「마우스로 터치하면」「회전한다」이므로 클래스 이름(파일 이름)은 **OnMouseDown_Rotate**라고 했습니다.

OnMouseDown_Rotate.cs

```csharp
using System.Collections;
using System.Collections.Generic;
using UnityEngine;

// 터치하면 회전한다
public class OnMouseDown_Rotate : MonoBehaviour
{

    public float angle = 360; // 각도 : Inspector에 지정

    float rotateAngle = 0;

    void OnMouseDown() // 터치하면
    {
        rotateAngle = angle; // 회전 각도를 지정한다
    }

    void OnMouseUp() // 터치를 그만하면
    {
        rotateAngle = 0; // 회전 각도를 0으로 한다
    }

    void FixedUpdate() // 계속 시행한다(일정 시간마다)
    {
        this.transform.Rotate(0, 0, rotateAngle/50); // 지정 각도로 회전한다
    }
}
```

만들기

이 스크립트를 사용해서 「마우스로 터치하고 있는 동안 꽃이 회전하는 무비」를 만들어 봅시다.

① 먼저 「꽃(flower_1)」의 이미지 파일을 Unity의 [프로젝트 창]에 드래그 앤 드롭하여 읽어 들여, [씬 뷰]에 배치합니다.

② 「꽃」을 선택하고, [인스펙터 창]의 [Add Component]를 클릭한 후, [Physics 2D] → [Box Collider 2D]를 적용합니다.

Figure : **5.3.1**

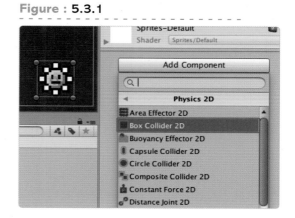

③ [프로젝트 창]에 스크립트를 준비합니다. [프로젝트 창]의 메뉴 [+▼] → [C# Script]를 선택하고, 「**OnMouseDown_Rotate**」라고 이름을 붙입니다. 스크립트를 더블 클릭하여 Visual Studio에서 스크립트를 입력하고, 메뉴의 [파일] → [저장]을 선택합니다.

Figure : **5.3.2**

```
1    using System.Collections;
2    using System.Collections.Generic;
3    using UnityEngine;
4
5    // 터치하면 회전한다
6    public class OnMouseDown_Rotate : MonoBehaviour
7    {
8
9        public float angle = 360; // 각도 : Inspector에 지정
10
11       float rotateAngle = 0;
12
13       void OnMouseDown()
14       { // 터치하면
15           rotateAngle = angle; // 회전 각도를 지정한다
16       }
17
18       void OnMouseUp()
19       { // 터치를 그만두면
20           rotateAngle = 0; // 회전 각도를 0으로 한다
21       }
22
23       void FixedUpdate()
24       { // 계속 시행한다(일정 시간마다)
25           this.transform.Rotate(0, 0, rotateAngle / 50); // 지정 각도로 회전한다
26       }
27   }
28
```

※ 샘플 파일을 사용할 때는 [scripts] → [group4_MouseDown] 안의 「**OnMouseDown_Rotate**」를 사용합니다.

④ 스크립트 「**OnMouseDown_Rotate**」를 게임 오브젝트에 적용합니다. [인스펙터 창]에 [OnMouseDown_Rotate(Script)]가 추가됩니다.

Figure : **5.3.3**

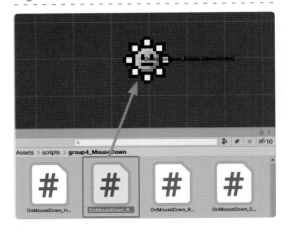

Figure : **5.3.4**

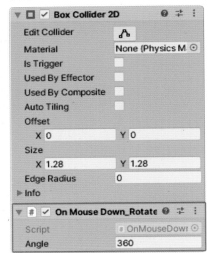

⑤ 「Play」 버튼을 눌러 봅시다. 마우스로 터치하고 있는 동안 꽃이 회전하는 걸 알 수 있습니다.

Figure : **5.3.5**

완성!

터치하면 룰렛처럼
회전하고 멈춘다

언제, 무엇을 할 것인가?

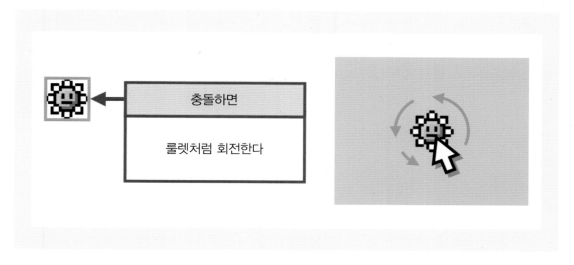

이번에는 마우스로 터치하면 회전을 시작, 룰렛처럼 서서히 멈추는 구조를 만들어 봅시다.

「언제」「무엇을 할 것인가」를 스크립트에 적는다

마우스로 터치하면 회전하는 것은 「OnMouseDown」과 「FixedUpdate」로 만들 수 있습니다.

```
float rotateAngle = 0;

void OnMouseDown( )
{
```

```
      rotateAngle = 360;
    }

    void FixedUpdate()
    {
      this.transform.Rotate(0, 0, rotateAngle/50);
    }
```

이 회전 각도를 반복할 때마다 조금씩 줄여 나가면 서서히 느려지다가 멈출 것입니다.

[서식] 실행할 때마다 조금씩 값을 줄인다

<변수 이름> = <변수 이름> * (float)줄이는 비율;

예를 들어, 1에 0.98을 계속 곱하면 0.98, 0.96, 0.94, 0.92로 조금씩 줄어듭니다.

speed = 1;

speed = speed * 0.98 → 0.98

speed = speed * 0.98 → 0.9604

speed = speed * 0.98 → 0.941192

speed = speed * 0.98 → 0.92236816

이것을 사용해서 「마우스로 터치하면 룰렛처럼 회전하고 멈춘다」를 스트립트에 적용해 봅시다.

```
  float rotateAngle = 0;

  void OnMouseDown()
  {
    rotateAngle = 360;
  }

  void FixedUpdate()
  {
    rotateAngle = rotateAngle * (float)0.98;
    this.transform.Rotate(0, 0, rotateAngle/50);
  }
```

스크립트

클래스 이름(파일 이름)은 「마우스로 터치하면」, 「룰렛처럼 회전하고 멈춘다」이므로 **OnMouseDown_Roulette**으로 했습니다.

OnMouseDown_Roulette.cs

```csharp
using System.Collections;
using System.Collections.Generic;
using UnityEngine;

// 터치하면 룰렛처럼 회전하고 멈춘다
public class OnMouseDown_Roulette : MonoBehaviour
{

    public float maxSpeed = 50; // 최대 속도 : Inspector에 지정

    float Speed = 0;

    void OnMouseDown()
        Speed = maxSpeed; // 최대 속도를 낸다
    }
    void FixedUpdate() // 계속 시행한다(일정 시간마다)
    {
        Speed = Speed * (float)0.97; // 스피드를 조금씩 줄여서
        this.transform.Rotate(0, 0, Speed); // 회전한다
    }
}
```

오브젝트의 중첩 순서

오브젝트의 중첩 순서

하나의 씬에 여러 개의 게임 오브젝트를 배치하면 겹치는 경우가 있습니다. 게임 오브젝트가 겹치면 한쪽이 앞쪽에, 다른 한쪽이 안쪽에 나타나게 되는데 이 **중첩 순서**는 지정할 수 있습니다.

중첩 순서를 지정하는 방법은 다음의 세 가지 종류가 있습니다.

1. Sorting Layer
2. Order in Layer
3. Position Z

이 방법들은 지정 강도 차이가 있는데, 「Sorting Layer」가 가장 강하고, 「Position Z」가 가장 약한 지정 방법입니다. 예를 들어, 어떤 오브젝트를 「Position Z」에서 앞쪽으로 지정해도, 「Sorting Layer」에서 안쪽으로 지정했다면 안쪽에 표시됩니다.

「Position Z」는 가장 약한 지정 방법이지만 초보자도 직감적으로 사용할 수 있는 방법입니다. 따라서 이 책에서는 「Position Z」를 사용해 중첩 순서를 조정합니다.

Sorting Layer

「**Sorting Layer**」는 가장 강력한 지정 방법입니다.

겹치는 레이어를 여러 개 준비하고 어느 레이어에 속하는지에 따라 깊이를 지정합니다. 레이어에 이름을 붙여서 깊이를 지정할 수 있으므로 「의미를 쉽게 알 수 있는 지정 방법」입니다. 제대로 설계해서 만들 때에 적합합니다.

게임 오브젝트를 선택하고 [인스펙터 창]의 [Sprite Renderer] 아래의 [Additional Settings]-[Sorting Layer]에서 지정합니다. 처음에는 「Default」 레이어만 있지만 「Add Sorting Layer...」로 새로운 레이어를 만들 수 있습니다.

Figure : **5.5.1**

「Add Sorting Layer...」를 선택하면 표시가 바뀝니다. 「+」 버튼을 클릭하면, 「Sorting Layers」에 「New Layer」가 추가되고 새로운 레이어에 이름을 붙일 수 있습니다. 여기에서 게임에 필요한 레이어를 준비합니다.

Figure : **5.5.2**

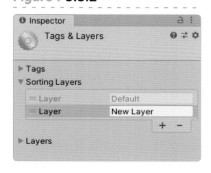

「**아래에 있는 레이어일수록 앞쪽, 위에 있는 레이어일수록 안쪽에**」 표시됩니다. 각각의 레이어는 드래그 앤 드롭으로 위아래를 전환할 수 있습니다.

Figure : **5.5.3**

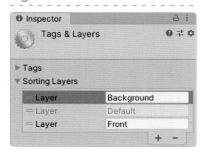

레이어를 준비했으면 게임 오브젝트를 다시 선택하여 [인스펙터 창]의 [Sprite Renderer] 아래의 [Additional Settings] – [Sorting Layer]를 선택합니다. 만든 레이어를 선택할 수 있으므로 깊이에 맞게 선택합니다.

Figure : **5.5.4**

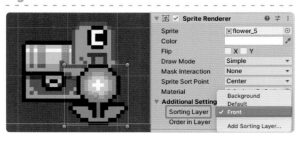

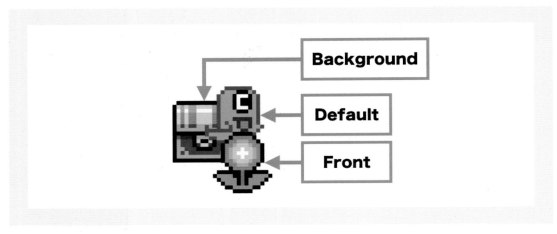

Order in Layer

「Order in Layer」는 같은 중첩 레이어 내에서 번호로 깊이를 지정하는 방법입니다. **「값이 클수록 앞쪽」** **「값이 작을수록 안쪽」**에 표시됩니다. 일단은 번호로 앞쪽과 안쪽을 변경하고 싶을 때 많이 사용합니다.

게임 오브젝트가 겹쳤을 때 어느 한쪽이 안쪽에 표시됩니다.

Figure : **5.5.5**

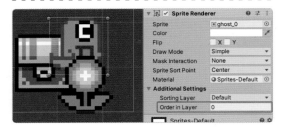

안쪽에 표시된 게임 오브젝트의 「Order in Layer」의 값을 10처럼 큰 값으로 변경하면 그 오브젝트가 앞쪽으로 나타나게 됩니다.

Figure : **5.5.6**

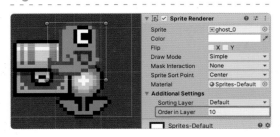

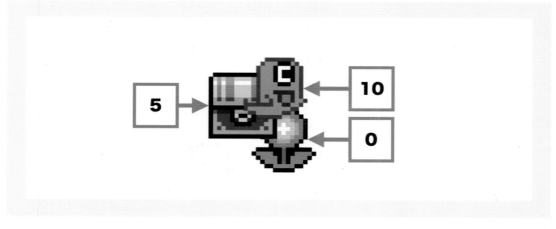

Position Z

「Position Z」는 같은 중첩 레이어 내에서 심지어 Order in Layer도 같은 값일 때에 지정할 수 있는 방법입니다.

Unity는 2D 게임에서도 카메라가 앞쪽에서 오브젝트를 보고 있는 상태로 되어 있습니다.

Figure : **5.5.7**

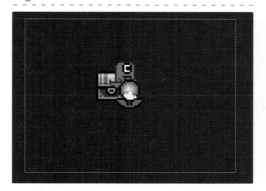

Figure : **5.5.8**

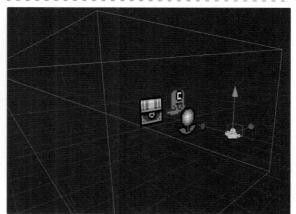

그러므로 「**카메라로부터의 거리가 가까울수록 앞쪽**」에 표시됩니다. 「Transform」의 「**Position Z의 값이 작을수록 앞쪽**」「**Position Z의 값이 클수록 안쪽**」에 표시됩니다. 이 책에서는 이 방법으로 깊이를 지정합니다.

안쪽에 표시된 게임 오브젝트의
「Transform」 – 「Position Z」의 값을
작은 값으로 변경하면 앞쪽에 표시
되게 됩니다.

※ 다만 카메라의 렌즈보다 앞쪽(–9.7
보다 작은 값)으로 하면 표시되지 않
게 되므로 카메라의 렌즈보다는 안쪽
(–9.7 이상인 값)으로 지정합니다.

Figure : 5.5.9

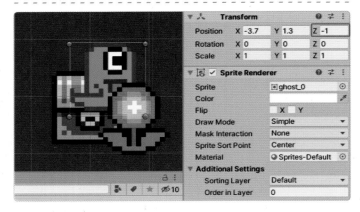

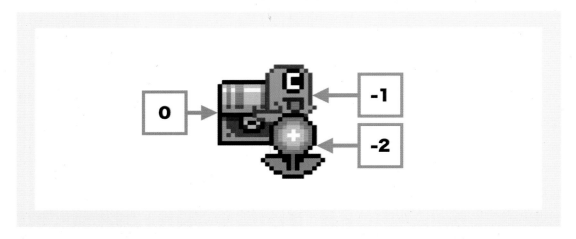

오브젝트의 중첩은 「Sorting Layer」 「Order in Layer」 「Position Z」 세 가지 방법으로 지정할 수 있는데
한 가지 주의점이 있습니다. 그것은 **「보이는 깊이」**는 앞쪽에 있어도, **「터치할 때의 깊이」**는 다른 경우가
있다는 것입니다. 예를 들어, 「Order in Layer」로 앞쪽에 표시했어도 안쪽에 있는 오브젝트 쪽이 반응
하는 경우가 있습니다.

Figure : 5.5.10

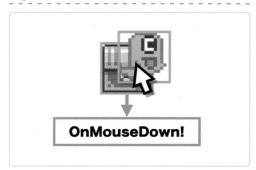

하지만 「Position Z」를 사용해서 카메라로부터의 거리로 지정하면 앞쪽에 표시된 오브젝트를 제대로 터치할 수 있고, 안쪽에 있는 오브젝트는 앞쪽의 오브젝트에 가려져 터치할 수 없게 됩니다.

Figure : **5.5.11**

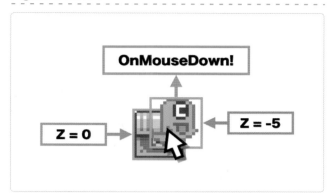

[샘플 어플] 장치 그림책

지금까지의 스크립트를 사용해서 「터치하면 다양한 것이 일어나는 장치 그림책」을 만들어 봅시다.

Figure : **5.5.12** 게임화면

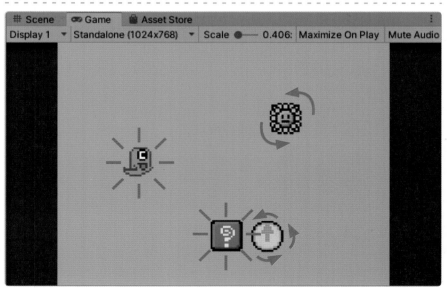

게임의 규칙

- 「유령」을 터치하면 사라집니다.
- 「태양」을 터치하면 회전합니다.
- 「물음표 블록」을 터치하면 안에서 룰렛이 나옵니다.
- 「룰렛」을 터치하면 잠시 회전하다가 멈춥니다.

필요한 이미지

이 게임에 필요한 게임 오브젝트는 다음과 같습니다.

- 「유령(ghost_0)」
- 「태양(flower_0)」
- 「룰렛(flower_2)」
- 「물음표 블록(block_08)」

필요한 스크립트

이 게임에 필요한 스크립트는 다음과 같습니다.

- 「터치하면 지운다(**OnMouseDown_Hide**)」
- 「터치하면 회전한다(**OnMouseDown_Rotate**)」
- 「터치하면 룰렛처럼 회전하다가 멈춘다(**OnMouseDown_Roulette**)」

1 먼저 「Game」 탭을 선택하고, 바로 아래의 메뉴에서 [Standalone(1024x768)]을 선택합니다.

Figure : 5.5.13

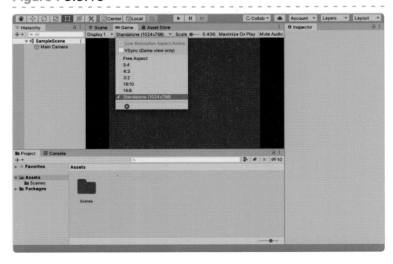

❷ 「Scene」 탭을 선택해 씬 화면으로 전환합니다. 「Main Camera」를 선택하고 [인스펙터 창]의 [Camera] → [Background]에서 배경색을 선택합니다.

Figure : 5.5.14

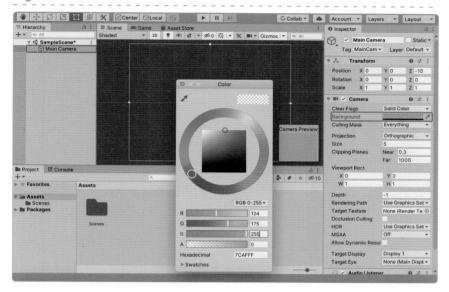

❸ 「유령」, 「태양」, 「룰렛」, 「물음표 블록」 이미지 파일을 Unity의 [프로젝트 창]에 드래그 앤 드롭하여 읽어 들이고, [씬 뷰]에 배치해서 게임 화면을 만듭니다. 스크립트도 [프로젝트 창]에 드래그 앤 드롭하여 읽어 들입니다.

Figure : 5.5.15

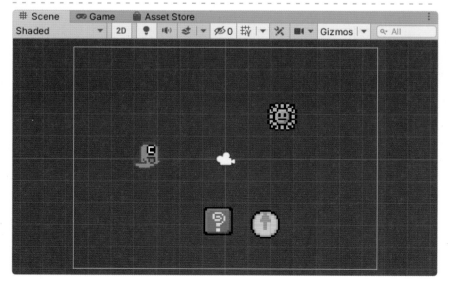

④ Shift 를 누르면서 「유령」「태양」「룰렛」「물음표 블록」을 클릭하면 여러 개를 선택할 수 있습니다. 이 상태에서 [인스펙터 창]의 [Add Component]를 클릭하고, [Physics 2D] → [Box Collider 2D]를 적용하면 오브젝트 4개에 동시에 적용됩니다.

Figure : 5.5.16

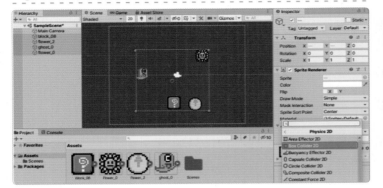

Figure : 5.5.17

⑤ 「유령」에 「터치하면 지운다(**OnMouseDown_Hide**)」를 적용합니다.

⑥ 「태양」에 「터치하고 있을 때만 회전한다 (**OnMouseDown_Rotate**)」를 적용합니다.

Figure : 5.5.18

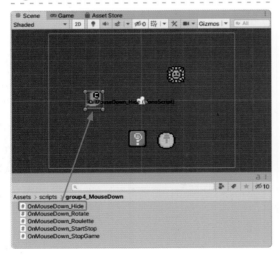

Figure : 5.5.19

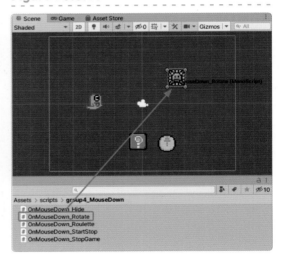

⑦ 「룰렛」에 「터치하면 회전하다 서서히 멈춘다(**OnMouseDown_Roulette**)」를 적용합니다.

Figure : **5.5.20**

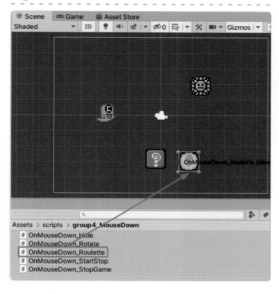

⑧ 「물음표 블록」에 「터치하면 지운다(**OnMouse Down_Hide**)」를 적용합니다.

Figure : **5.5.21**

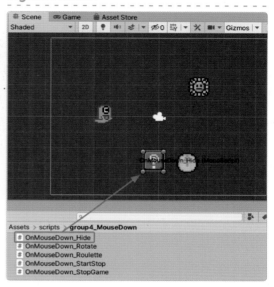

⑨ 또한 「물음표 블록」의 [인스펙터 창]에서 [Transform] − [Position Z]를 −1로 지정해서 앞쪽에 표시시킨 다음, 「룰렛」에 겹쳐 「룰렛」을 감춥니다.

Figure : **5.5.22**

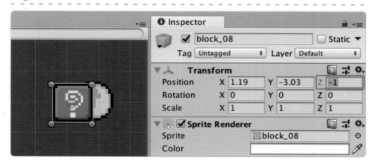

⑩ 이로써 「장치 그림책」 완성입니다. 「Play」 버튼을 눌러 플레이해 봅시다. 각각 터치해 보면 유령은 사라지고, 태양은 돌며, 물음표 블록이 사라진 곳에서 룰렛이 나타나고, 룰렛은 회전합니다.

Figure : 5.5.23

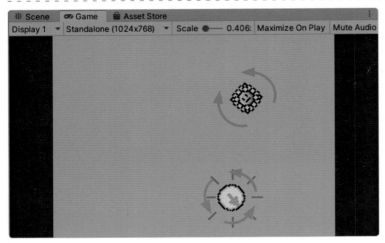

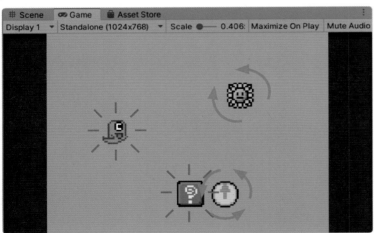

덤 스크립트

다운로드 파일에는 비슷한 스크립트로 「터치하면 게임을 정지하는 스크립트(**OnMouseDown_ StopGame**)」, 「터치하면 애니메이션을 재생 하고 정지하는 스크립트(**OnMouseDown_ StartStop**)」를 준비했습니다(애니메이션에 대해 서는 다음 챕터에서 설명합니다).

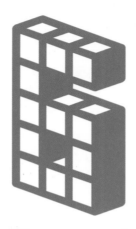

Chapter 6

애니메이션

Animator와
Animation이란?

어떤 하나의 움직임이 Animation

이 챕터에서는 「애니메이션을 하면서 움직이는 게임 오브젝트」를 만듭니다.

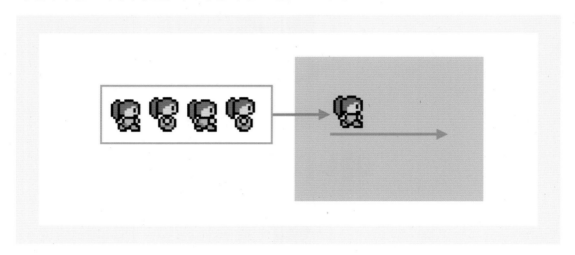

이제까지의 게임 오브젝트는 「한 장의 정지된 그림」이 이동하는 것뿐이었는데 이젠 이것을 「플립북」으로 바꿀 수 있습니다.

「오른쪽으로 걷는 움직임의 플립북 만화」를 오른쪽으로 이동시키면 걸어가는 것처럼 보입니다. 「불꽃을 내는 미사일의 플립북」을 위로 이동시키면 날아가는 것처럼 보입니다.

Figure : **6.1.1**

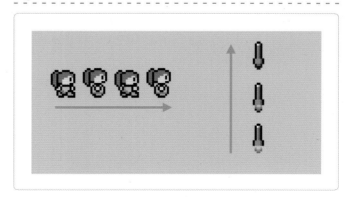

Unity에서는 이 「오른쪽으로 걷는 움직임」 「불꽃을 내는 움직임」같은 「**어떤 하나의 움직임**」을 「**Animation**」이라고 부릅니다.

이 Animation을 간단하게 만드는 방법이 있습니다. 「오른쪽으로 걷는 움직임」 「불꽃을 내는 움직임」 같은 「어떤 하나의 움직임을 시행하는 여러 개의 이미지」를 준비하고 그것들을 씬에 드래그 앤 드롭합니다. 이것만으로도 「애니메이션을 시행하는 게임 오브젝트」를 만들 수 있습니다.

Figure : **6.1.2**

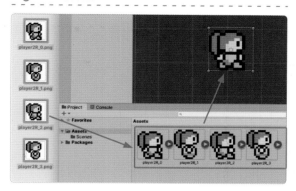

[애니메이션 창]을 사용하면 애니메이션을 만든 다음 그림을 전환하거나 속도를 변경할 수 있습니다. 닫을 때는 [Animation] 탭 위에서 마우스 오른쪽 버튼을 클릭하고 [Close Tab]을 선택하면 닫을 수 있습니다.

Figure : **6.1.3**

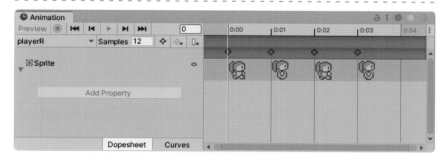

Figure : **6.1.4**

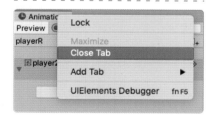

여러 개의 Animation 전환을 시행하는 것이 Animator

그러나 게임의 캐릭터는 위 아래 왼쪽 오른쪽 여러 방향으로 움직입니다. 「오른쪽으로 걷는 움직임」밖에 못하면 왼쪽, 위, 아래로 이동할 때 이상한 움직임이 되고 맙니다. 그래서 왼쪽으로 이동할 때는 「왼쪽으로 걷는 움직임」, 아래로 이동할 때는 「아래로 걷는 움직임」으로 전환합니다.

Figure : 6.1.5

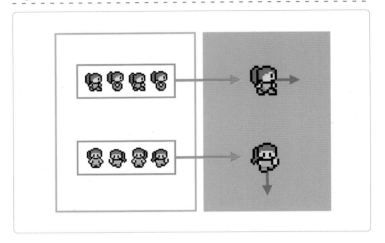

이런 경우에 「**Animator**」를 사용합니다.

Unity에서는 원래 「하나의 게임 오브젝트에 여러 개의 Animation을 시킨다」라는 걸 할 수 있고, 그 여러 개의 Animation 전환을 실시하는 것이 Animator입니다.

어떤 게임 오브젝트에 「오른쪽으로 걷는다」, 「왼쪽으로 걷는다」, 「위로 걷는다」, 「아래로 걷는다」 등의 여러 개의 Animation을 준비해 두고, 키를 누르면 그 방향으로 걷는 Animation으로 전환할 수 있습니다.

Figure : 6.1.6

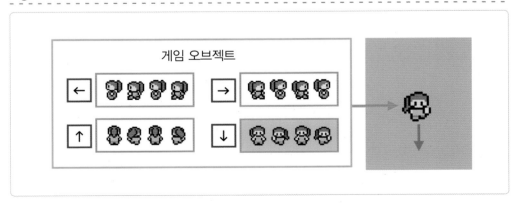

[애니메이터 창]을 사용하면 게임 오브젝트에 어떤 Animation이 할당되어 있는지 등을 확인할 수 있습니다. 닫을 때는 [Animator] 탭을 오른쪽 클릭해서 [Close Tab]을 선택하면 닫을 수 있습니다.

Figure : **6.1.7** 애니메이터 창

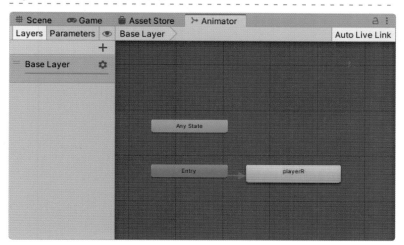

Figure : **6.1.8**

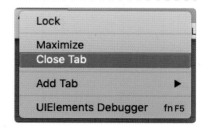

이 챕터에서는 「플립북 만화로 움직이는 방법」 「위, 아래, 왼쪽, 오른쪽 키를 누르면 애니메이션을 전환하는 스크립트」 등을 살펴보겠습니다.

Figure : **6.1.9**

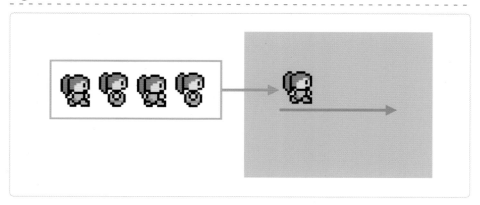

Figure : 6.1.10

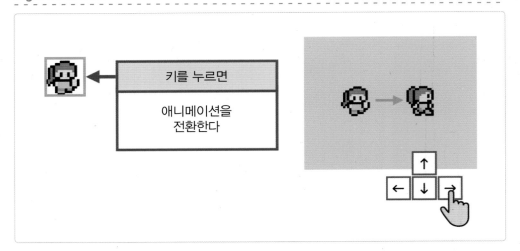

키를 누르면

애니메이션을
전환한다

Animation과 Animator

게임 오브젝트에는 「어떤 애니메이션이 있는지를 관리하는 Animator」가 적용되고, 그 Animator에 Animation을 적용하는 구조로 만듭니다. Animation이 하나인 경우도 그 구조로 만들어지기 때문에 여러 개의 이미지를 드래그 앤 드롭해서 애니메이션의 게임 오브젝트를 만들었을 때도 「Animator」와 「Animation」 두 개의 파일이 만들어집니다.

Animation

여러 개의 이미지가 전환하는 플립북 만화의 애니메이션은 Animation 안의 「Sprite Rendere」라는 「표시를 전환하는 기능」으로 시행합니다.

Animation에서는 이 밖에도 이동, 확대, 회전, 색 등 다양한 요소를 변화시켜 애니메이션을 만들 수 있습니다.

6.2

플립북 만화

연속하는 이미지를 드래그 앤 드롭

그럼 플립북 만화로 Animation을 만들어 봅시다.

① 먼저 「어떤 하나의 움직임」을 시행하는 여러 개의 이미지 파일을 Unity의 [프로젝트 창]에 드래그 앤 드롭해서 읽어 들입니다.
샘플 파일의 「volton_0.png」「volton_1.png」 두 장의 이미지를 사용합니다.

② 여러 개의 이미지를 Shift 키를 누르면서 선택하고, [씬 뷰]에 드래그 앤 드롭합니다.

Figure : **6.2.1**

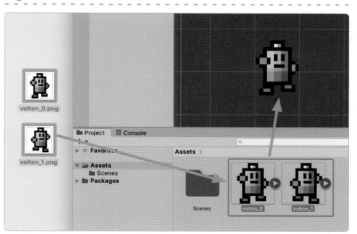

③ 그러면 저장 대화상자가 나타납니다. 이것은 「이 움직임을 어떤 이름으로 저장합니까?」라고 묻고 있으므로 Animation의 이름을 붙여서 저장합니다. 「**robot**」라고 입력하고 저장합시다. [프로젝트 창]에 Animator 파일과 Animation 파일이 만들어집니다.

Figure : **6.2.2**

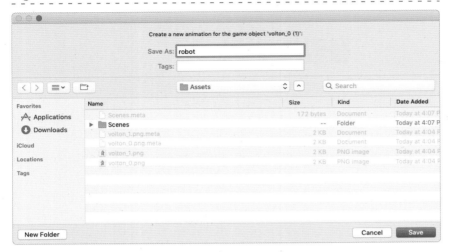

Figure : **6.2.3**

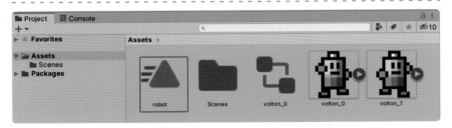

④ 이로써 애니메이션이 완성됩니다. 「Play」 버튼을 눌러 봅시다. 로봇이 움직이는 걸 알 수 있습니다.

Figure : **6.2.4**

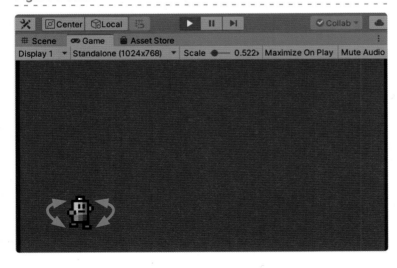

외부 이미지를 읽어 들여 게임 오브젝트를 만들 때 이미지를 [프로젝트 창]에 먼저 드래그 앤 드롭하고 나서 [씬 뷰]에 드래그 앤 드롭해서 만들었는데, [프로젝트 창]으로의 드래그 앤 드롭은 생략할 수 있습니다.

외부 이미지를 직접 [씬 뷰]에 드래그 앤 드롭해도, [프로젝트 창]으로 읽어 들이기와 [씬 뷰]으로의 배치가 동시에 진행되어 게임 오브젝트를 만들 수 있습니다.

Figure : 6.2.5

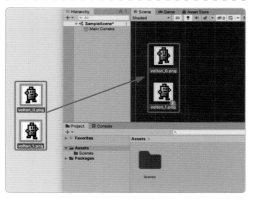

플립북의 속도는 Animation의 Samples에서 조정

플립북 만화의 Animation을 만들었는데 움직임이 빠르므로 조정합시다.

5 조정하려면 [애니메이션 창]을 사용합니다. 메뉴의 [Window] → [Animation] → [Animation] 을 선택합시다.

Figure : 6.2.6

6 [프로젝트 창]의 Animation 파일(**robot**)을 선택하면 애니메이션의 상태가 표시됩니다. [▼Sprite]를
클릭하면 어떤 플립북 만화인지를 확인할 수 있습니다.

Figure : **6.2.7**

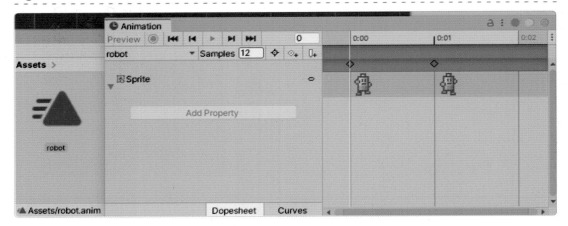

7 [Samples]를 보면 값이 「12」로 되어 있는데, 이것은 「1초 동안 이미지 12장을 전환하는 속도로 움직
인다」라는 의미입니다.

그보다 작은 값인 「4」로 변경하면 속도가 느려지고, 큰 값인 「24」로 변경하면 속도가 더욱 빨라지는
것을 확인할 수 있습니다.

변경이 끝나면 [Animation] 탭을 오른쪽 클릭해서 [Close Tab]을 선택하고 닫습니다.

Figure : **6.2.8**

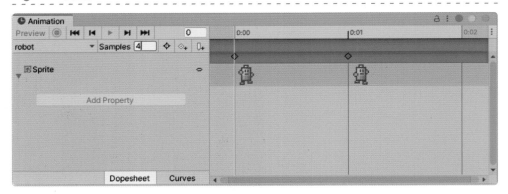

이 게임 오브젝트에 스크립트를 적용하면 애니메이션을 하면서 무언가를 시행할 수 있습니다.

⑧ 이 로봇에 챕터4에서 만든 「키를 누르면 스프라이트가 이동하는 스크립트(**OnKeyPress_MoveSprite**)」
를 적용합시다.

Figure : **6.2.9**

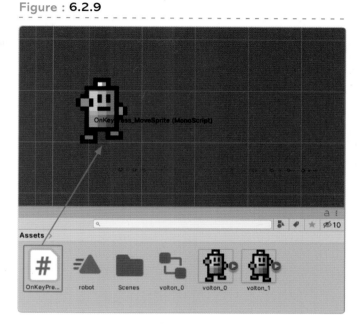

⑨ 「Play」 버튼을 눌러 봅시다. 움직이는 로봇을 컨트롤할 수 있는 걸 알 수 있습니다.

Figure : **6.2.10**

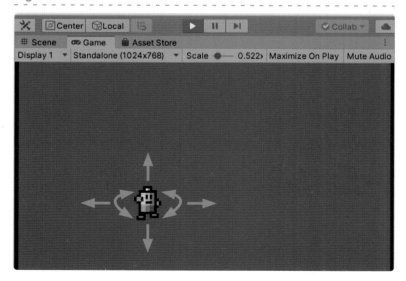

키를 누르면 애니메이션을 전환한다

하나의 게임 오브젝트에 여러 개의 Animation을 시킨다

게임 오브젝트에 「어떤 하나의 움직임」을 시킬 수 있게 되었으므로 다음은 「여러 개의 움직임을 시키는 구조」를 만들어 봅시다.

하나의 게임 오브젝트에 여러 개의 움직임을 넣어 어떠한 계기로 전환하도록 합니다. 키를 누르면 전환하게 만들어 봅시다.

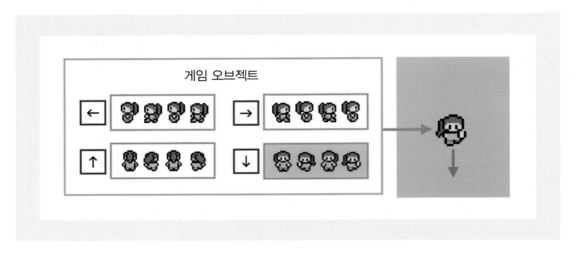

다음의 흐름으로 만듭니다.

1. 여러 개의 Animation을 만든다

2. 게임 오브젝트의 Animator에 여러 개의 Animation을 추가한다

3. 게임 오브젝트에 Animation을 전환하는 스크립트를 적용한다

1. 여러 개의 Animation을 만든다

먼저 네 가지 종류의 Animation을 만듭니다. 「어떤 하나의 움직임」을 하는 여러 개의 이미지 파일을 4번 드래그 앤 드롭하여 만듭니다.

※이 방법으로 만들면 불필요한 Animator도 만들어지는데 특별히 문제는 없습니다.

🔲

1️⃣ 먼저 「위 방향」 「아래 방향」 「왼쪽 방향」 「오른쪽 방향」 네 가지 종류의 움직임을 시행하는 이미지 파일을 Unity의 [프로젝트 창]에 드래그 앤 드롭합니다.

샘플 파일의 위 방향 「player2U_0.png ∼ player2U_3.png」 아래 방향 「player2D_0.png ∼ player2D_3.png」 오른쪽 방향 「player2R_0.png ∼ player2R_3.png」 왼쪽 방향 「player2L_0.png ∼ player2L_3.png」 16장의 이미지를 사용합니다.

Figure : **6.3.1**

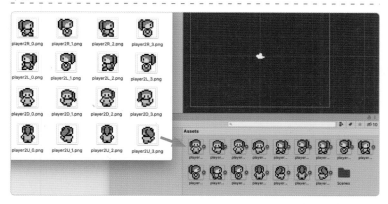

2️⃣ Animation을 한 종류씩 만들어 나갑니다. 먼저 위 방향의 이미지 「player2U_0.png ∼ player2U_3.png」를 [Shift]를 누르면서 여러 개 선택하고, [씬 뷰]에 드래그 앤 드롭합니다.

Figure : **6.3.2**

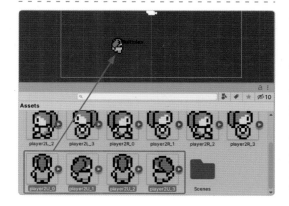

③ 저장 대화상자가 나타
나므로 「**playerU**」라고
입력하고 저장합시다.

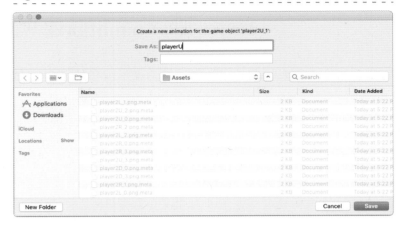

④ 마찬가지로 아래 방향 「player2D_0.png ～ player2D_3.png」를 드래그해서 「**playerD**」 오른쪽 방
향 「player2R_0.png ～ player2R_3.png」을 드래그해서 「**playerR**」 왼쪽 방향 「player2L_0.png ～
player2L_3.png」을 드래그해서 「**playerL**」이라고 입력합시다. 이렇게 하면 4개의 Animation 파일과
Animator가 만들어집니다.

Figure : **6.3.4**

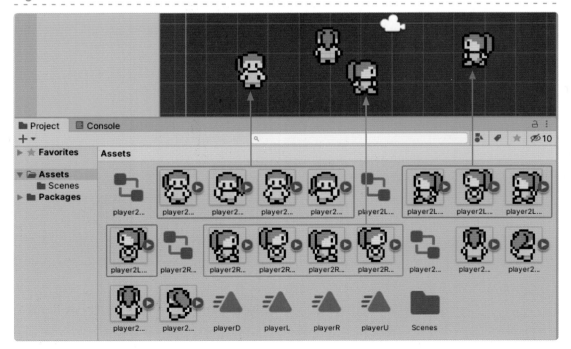

2. 게임 오브젝트의 Animator에 여러 개의 Animation을 추가한다

다음은 하나의 게임 오브젝트 안에 여러 개의 Animation을 합칩니다.

이번은 아래 방향의 Animation의 게임 오브젝트에 위 방향. 오른쪽 방향. 왼쪽 방향의 Animation을 추가해 나갑시다.

⑤ 「아래 방향」의 게임 오브젝트를 바탕으로 만들어 나가므로 씬에서 「위 방향」「오른쪽 방향」「왼쪽 방향」의 게임 오브젝트를 각각 메뉴의 [Edit] → [Delete]로 삭제합니다.

Figure : **6.3.5**

⑥ 씬에서 「아래 방향(player2D_0.png)」의 게임 오브젝트를 선택하고, [인스펙터 창] → [Animator] → [Controller]를 더블 클릭합니다.

Figure : **6.3.6**

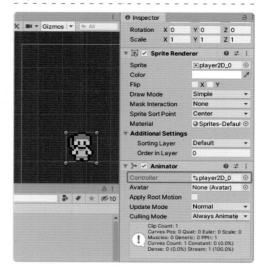

⑦ 그러면 [애니메이션 창]이 표시됩니다. [프로젝트 창]에 있는 「**playerU**」 「**playerL**」 「**playerR**」을 드래그 앤 드롭해서 추가합시다. 창 안에만 있으면 드롭하는 위치는 어디든 상관없습니다.

Figure : **6.3.7**

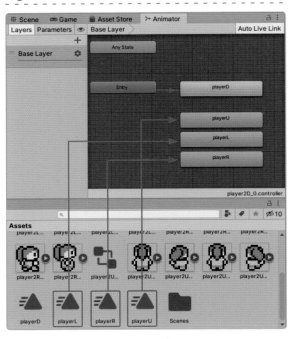

3. 게임 오브젝트에 Animation을 전환하는 스크립트를 적용한다.

다음은 「**Animation을 전환하는 스크립트**」를 만들어 적용합시다.
스크립트로 Animation을 전환하려면 다음의 명령을 사용합니다.

> **[서식]** 지정한 Animation을 재생한다
>
> ```
> this.GetComponent<Animator>().Play(<Animation의 이름>);
> ```

이 명령을 사용해 「위, 아래, 왼쪽, 오른쪽의 키를 누르면」, 「애니메이션을 전환한다」 스크립트를 만듭니다. 스크립트에는 현시점에 재생하는 Animation의 이름을 변수에 준비해 두고, FixedUpdate에서 그 이름의 Animation을 계속 재생하게 합니다. 그리고 다른 키가 눌리면 그 변수를 전환하는 Animation의 이름으로 변경합니다. 이렇게 함으로써 키를 누르면 재생되는 Animation이 알맞게 전환됩니다.

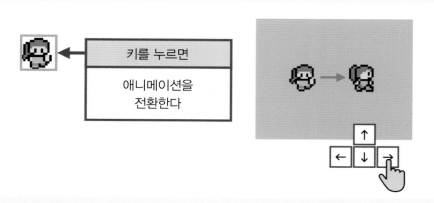

Animation을 전환하는 방법

Animator는 여러 개의 Animation을 전환할 때 스크립트에서 명령해서 전환할 수도 있고, 게임 오브젝트가 가진 값에 따라 자동적으로 전환할 수도 있습니다.

또한, 3D 게임인 경우 애니메이션은 플립북 만화가 아닌 3D 모델의 포즈가 변화하는 것으로 이뤄집니다. 그러므로 예를 들어 「걷는 움직임」에서 「점프하는 움직임」으로 바뀌면, 확! 변화하는데 Unity에는 두 개의 움직임을 섞어서 자연스럽게 전환되게 하는 장치도 있습니다.

다만 이 책에서는 2D 게임을 간단하게 만들기 위해 「스크립트로 명령해서 확! 전환하는 방법」으로 시행하고 있습니다.

스크립트

「키를 누르면」 「애니메이션을 전환한다」이므로 클래스 이름(파일 이름)은 **OnKeyPress_ChangeAnime**로 했습니다.

위 방향, 아래 방향, 오른쪽 방향, 왼쪽 방향의 「Animation의 이름」은 public 변수로 해서 [인스펙터 창]에서 설정할 수 있게 둡니다.

OnKeyPress_ChangeAnime.cs

```
using System.Collections;
using System.Collections.Generic;
using UnityEngine;
```

```csharp
// 키를 누르면 애니메이션을 전환한다
public class OnKeyPress_ChangeAnime : MonoBehaviour
{

    public string upAnime = "";    // 위 방향   : Inspector에 지정
    public string downAnime = "";  // 아래 방향 : Inspector에 지정
    public string rightAnime = ""; // 오른쪽 방향 : Inspector에 지정
    public string leftAnime = "";  // 왼쪽 방향  : Inspector에 지정

    string nowMode = "";

    void Start() // 처음에 시행한다
    {
        nowMode = downAnime;
    }

    void Update() // 계속 시행한다
    {
        if (Input.GetKey("up")) // 위 키면
        {
            nowMode = upAnime;
        }
        if (Input.GetKey("down")) // 아래 키면
        {
            nowMode = downAnime;
        }
        if (Input.GetKey("right")) // 오른쪽 키면
        {
            nowMode = rightAnime;
        }
        if (Input.GetKey("left")) // 왼쪽 키면
        {
            nowMode = leftAnime;
        }
    }
    void FixedUpdate() // 계속 시행한다(일정 시간마다)
    {
        this.GetComponent<Animator>().Play(nowMode);
    }
}
```

만들기

❽ 그럼 게임 오브젝트에 「키를 누르면 애니메이션을 전환하는 스크립트(**OnKeyPress_ChangeAnime**)」를 적용합시다.

[인스펙터 창]에서 「Up Anime」에 **playerU**, 「Down Anime」에 **playerD**, 「Right Anime」에 **playerR**, 「Left Anime」에 **playerL**을 지정합니다.

Figure : **6.3.8**

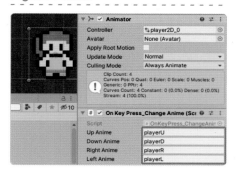

❾ 「Play」 버튼을 눌러 봅시다. 위, 아래, 왼쪽, 오른쪽 키를 누르면 애니메이션이 바뀌는 걸 알 수 있습니다.

Figure : **6.3.9**

⑩ 이 게임 오브젝트에 「키를 누르면 스프라이트가 이동하는 스크립트(**OnKeyPress_MoveSprite**)」를 적용해서 움직이게 합니다.

Figure : **6.3.10**

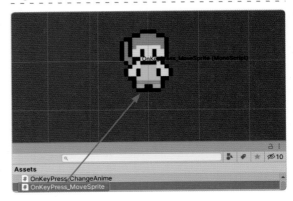

⑪ 다만, **OnKeyPress_MoveSprite**는 왼쪽 키를 눌렀을 때 왼쪽 오른쪽이 반전하게 됩니다. [인스펙터 창]에서 「Left Anime」에 **playerL**을 지정하면 반전해서 오른쪽 방향으로 되므로 「Left Anime」를 **playerR**로 변경합니다.

Figure : **6.3.11**

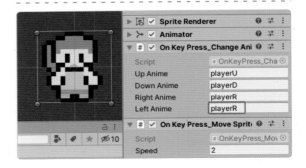

⑫ 「Play」 버튼을 눌러봅시다. 위, 아래, 왼쪽, 오른쪽 키를 누르면 해당 방향을 바꾸면서 이동하는 걸 알 수 있습니다.

Figure : **6.3.12** - 완성!

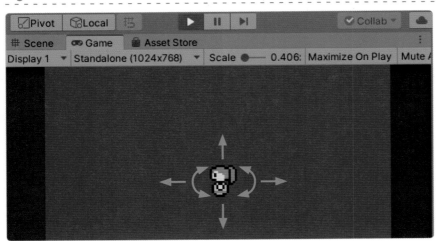

Chapter 7

씬을 전환한다

씬이란?

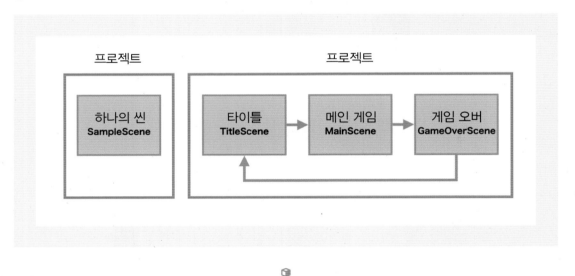

게임은 여러 개의 씬으로 이뤄져 있다

이제까지는 **하나의 화면**에서 게임을 만들었는데 일반적인 게임에는 「**타이틀 화면**」「**게임 오버 화면**」 등 여러 개의 화면으로 이뤄져 있습니다.

프로젝트 프로젝트

하나의 씬
SampleScene

타이틀
TitleScene

메인 게임
MainScene

게임 오버
GameOverScene

그래서 이 챕터에서는 「**여러 개의 씬을 만드는 방법**」과 「**씬을 전환하는 방법**」에 대해서 살펴봅니다. 「터치하면 씬을 전환하는 스크립트」와 「충돌하면 씬을 전환하는 스크립트」를 만듭니다.

게임의 한 장면이 한 씬

이제까지 씬상에 여러 가지 게임 오브젝트를 나열해 게임을 만들었습니다. 하나의 화면만으로 만들어서 씬을 별로 의식하지 않았지만 프로젝트 안에서 씬은 제대로 만들어졌습니다.

[프로젝트 창]의 [Scenes] 폴더 안을 보면 [SamepleScene]이라는 씬 파일이 있습니다. 여기에 씬에서 사용하는 게임 오브젝트의 리스트, 그 배치가 저장되어 있습니다.

Figure : **7.1.3**

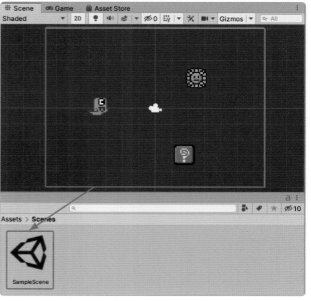

여러 개의 씬을 만들어 사용할 수 있는데, 씬마다 게임 오브젝트와 그 배치를 다르게 해서 완전히 다른 씬으로 만들어낼 수 있습니다. 「같은 게임인데 전혀 다른 캐릭터가 등장하는 다른 씬」 등을 만들 수도 있으며, 「타이틀」「게임 오버」 씬을 만들 수도 있습니다.

여러 개의 씬을 사용할 때는 아래의 흐름대로 씬을 만듭니다. 각각의 씬 이름은 「그것이 무슨 씬인지 알 수 있는 이름」으로 붙이도록 합시다.

1. 먼저 현재의 씬을 저장한다

2. 새로운 씬을 만들고, 게임 오브젝트를 배치한다

3. 그 씬을 저장한다

4. Build Settings에 사용할 씬을 추가한다

1. 먼저 현재의 씬을 저장한다

1️⃣ 새로운 씬을 만들기 전에 먼저 현재의 씬을 저장합니다. 씬의 저장은 메뉴의 [File] → [Save]로 합니다.

다만, 신규 작성 직후는 디폴트인 「SampleScene」 씬이 만들어져 있으므로 무슨 씬인지 알 수 없습니다. 예를 들어, 지금 만들고 있는 씬을 메인 씬으로 하려면 메뉴의 [File] → [Save As...]를 선택하고, 저장 대화상자의 [Save As:]에 「mainGame」 등으로 이름을 붙입니다. 그러면 현재 씬이 새로 붙인 이름의 씬으로 [프로젝트 창]에 저장되는 걸 알 수 있습니다.

Figure : **7.1.4**

File	Edit	Assets	Game
New Scene			⌘N
Open Scene			⌘O
Save			**⌘S**
Save As...			⇧⌘S
New Project...			
Open Project...			
Save Project			
Build Settings...			⇧⌘B
Build And Run			⌘B
Close			⌘W

Figure : **7.1.5**

File	Edit	Assets	Game
New Scene			⌘N
Open Scene			⌘O
Save			⌘S
Save As...			**⇧⌘S**
New Project...			
Open Project...			
Save Project			
Build Settings...			⇧⌘B
Build And Run			⌘B
Close			⌘W

Figure : **7.1.6**

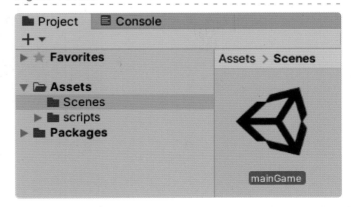

2. 새로운 씬을 만들고, 게임 오브젝트를 배치한다

2 새로운 씬을 만들려면 메뉴의 [File] → [New Scene]를 선택합니다.

Figure : **7.1.7**

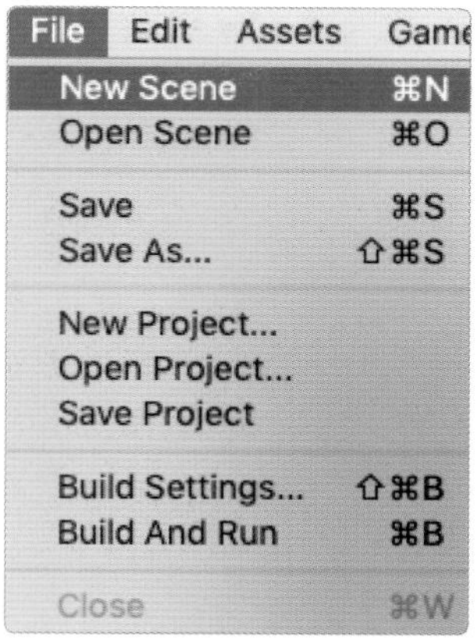

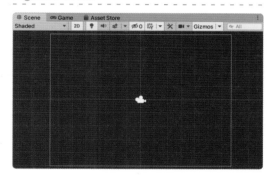

씬상의 게임 오브젝트가 사라져 초기화되는 걸 알 수 있습니다.

Figure : **7.1.8**

3 새로운 씬에 게임 오브젝트를 배치해 나갑니다.

Figure : **7.1.9**

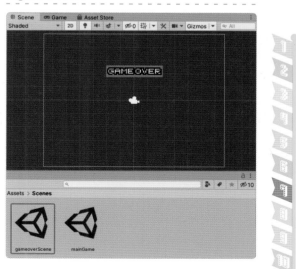

3. 그 씬을 저장한다

④ 씬이 완성되면 씬의 [File] → [Save]를 선택합니다.
새로운 씬을 만든 직후는 저장 대화상자가 표시되
므로 [Save As:]에 씬 이름을 붙여서 저장합니다.

Figure : **7.1.10**

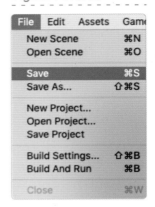

⑤ 씬을 전환할 때는 [프로젝트 창]에서 씬을 더블 클
릭해서 전환합니다.

Figure : **7.1.11**

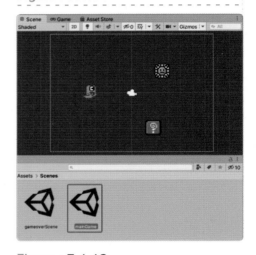

Figure : **7.1.12**

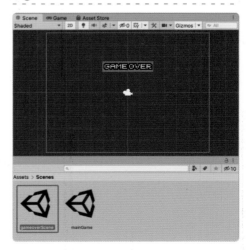

4. Build Settings에 사용할 씬을 추가한다

6 그러나 「여러 개의 씬을 만든 것」만으로는 아직 게임에서 제대로 사용할 수 없습니다. 메뉴의 [File] → [Build Settings...]를 선택합시다. 표시되는 Build Settings 대화상자의 [Scenes In Build]에 사용하는 씬을 추가해야 합니다.

Figure : **7.1.13**

7 게임을 어플로써 내보낼 때는 [Scene In Build]의 위부터 차례대로 실행됩니다. 그러므로 「SampleScene」이 불필요할 때는 씬을 선택한 후 마우스 오른쪽 버튼을 클릭한 후 [Remove Selection]을 눌러서 삭제해야 합니다.

Figure : **7.1.14**

⑧ 사용하고자 하는 씬을 추가할 때는 [프로젝트 창]에서 [Scenes In Build]로 씬을 드래그 앤 드롭합니다. 씬을 추가하고 나면 Build Settings 대화상자의 [닫기] 버튼(Windows는 오른쪽 위의 [x], Mac은 왼쪽 위의 [●])을 클릭합니다.

Figure : **7.1.15**

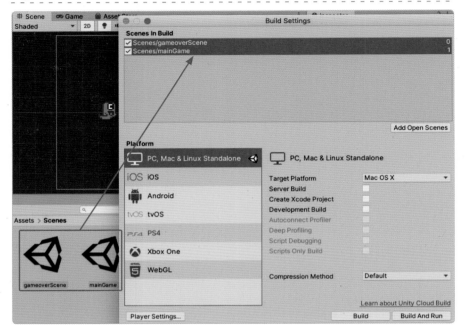

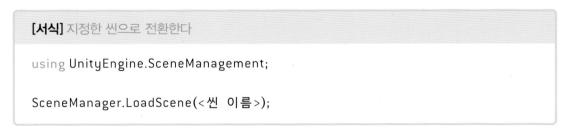

이처럼 해서 준비한 여러 개의 씬은 다음의 명령으로 전환할 수 있습니다.

> **[서식]** 지정한 씬으로 전환한다
>
> using UnityEngine.SceneManagement;
>
> SceneManager.LoadScene(<씬 이름>);

이것을 사용해 씬을 전환하는 스크립트를 만듭시다.

터치하면 씬을 전환한다

「언제」「무엇을 할 것인가?」

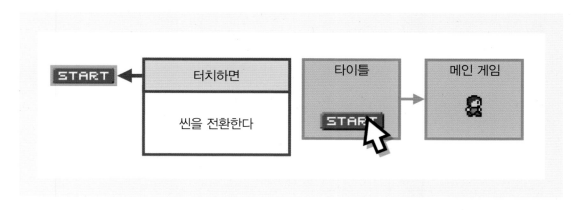

먼저 마우스로 터치하면 씬을 전환하는 구조를 만들어 봅시다.

「마우스로 터치하면 씬을 전환하는 스크립트」입니다. 준비한 버튼 이미지에 이 스크립트와 [Box Collider 2D]를 적용해 「씬을 전환하는 버튼」을 만들 수 있습니다.

스크립트

「마우스로 터치하면」「씬이 전환한다」이므로 클래스 이름(파일 이름)은 **OnMouseDown_SwitchScene** 으로 했습니다.

```
using System.Collections;
using System.Collections.Generic;
using UnityEngine;
```

```
using UnityEngine.SceneManagement; // 씬 전환에 필요

// 터치하면 씬을 전환한다
public class OnMouseDown_SwitchScene : MonoBehaviour
{

    public string sceneName; // 씬 이름 : Inspector에 지정

    void OnMouseDown() // 터치하면
    {
        // 씬을 전환한다
        SceneManager.LoadScene (sceneName);
    }
}
```

만들기

이 스크립트를 사용해 「버튼을 누르면 씬이 전환하는 구조」를 만들어 봅시다.

1 [프로젝트 창]에 스크립트를 준비합니다.
[프로젝트 창]의 메뉴 [+▼] → [C# Script]를 선택하고, **OnMouseDown_SwitchScene**라고 이름을 다시 붙이고 더블 클릭해서 Visual Studio에서 스크립트를 입력합니다.

Figure : **7.2.1**

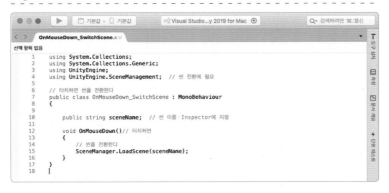

※샘플파일을 사용할 때는 「scripts」→「group6_Scene」 안의 「**OnMouseDown_SwitchScene**」을 사용합니다.)

② 첫 번째 씬을 만듭니다. 먼저 「시작 버튼(start)」 이미지 파일을 [씬 뷰]에 배치하고, [인스펙터 창]의 [Add Component]를 클릭한 후, [Physics 2D] → [Box Collider 2D]를 적용합니다.

Figure : **7.2.2**

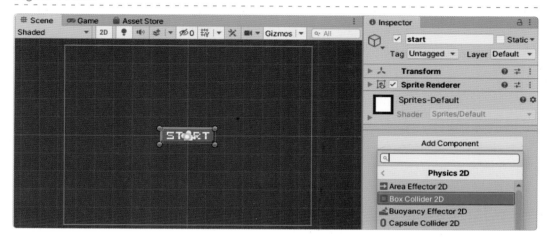

③ 스크립트 「**OnMouseDown_SwitchScene**」을 게임 오브젝트에 적용하고, [인스펙터 창]에서 [Scene Name]에 다음 화면으로 나올 씬의 이름 「chap72main」을 설정합니다.

Figure : **7.2.3**

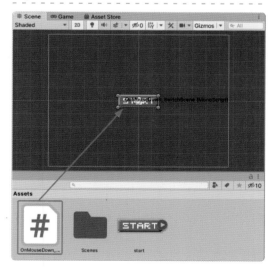

Figure : **7.2.4**

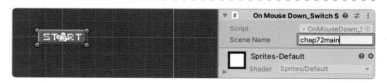

④ 메뉴의 [File]→[Save As..]를 선택하고, 저장 대화상자의 [Save As:]에 「chap72title」로 이름을 붙여서 저장합니다.

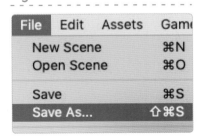

⑤ 두 번째 씬을 만듭니다. 메뉴의 [File] → [New Scene]을 선택하고, 「플레이어(player1R_0)」의 이미지 파일을 [씬 뷰]에 배치합니다.

Figure : **7.2.6**

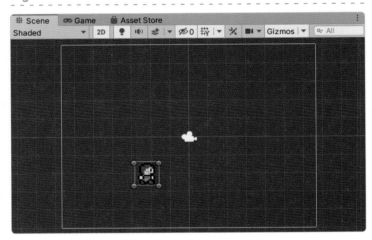

⑥ 메뉴의 [File] → [Save As...]를 선택하고, 저장 대화상자의 [Save As:]에 「chap72main」으로 이름을 붙여 저장합니다.

Figure : **7.2.7**

⑦ 메뉴의 [File] → [Build Settings...]를 선택하고, Build Settings 대화상자의 [Scenes In Build]에 두 개의 씬을 드래그 앤 드롭해서 추가합니다. 추가했으면 Build Settings 대화상자는 닫습니다.

Figure : **7.2.8**

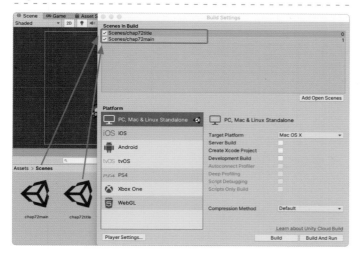

8 첫 번째 씬(**chap72title**)을 더블 클릭해서 열고, 「Play」 버튼을 눌러 봅시다. 「시작 버튼(start)」을 누르면 씬이 전환되는 걸 알 수 있습니다.

Figure : **7.2.9**

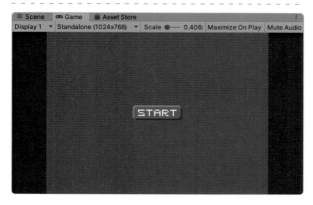

Figure : **7.2.10**

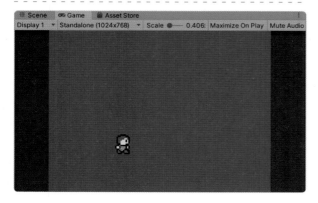

충돌하면 씬을 전환한다

「언제」「무엇을 할 것인가?」

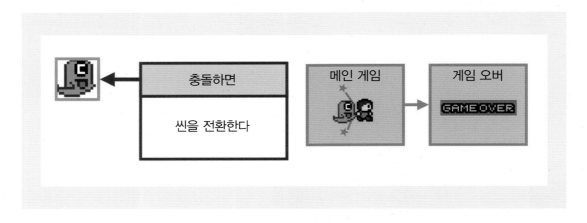

다음은 무언가와 충돌하면 씬을 전환하는 구조를 만들어 봅시다.

「지정한 것과 충돌하면 씬을 전환하는 스크립트」입니다.

「적과 충돌하면 게임 오버로 전환하는 구조」「문에 닿으면 다른 방으로 이동하는 구조」 등을 만들 수 있습니다.

스크립트

「충돌하면」「씬을 전환한다」이므로 클래스 이름(파일 이름)은 **OnCollision_SwitchScene**으로 했습니다.

onCollision_SwitchScene.cs

```csharp
using System.Collections;
using System.Collections.Generic;
using UnityEngine;
using UnityEngine.SceneManagement; // 씬 전환에 필요

// 충돌하면 씬을 전환한다
public class OnCollision_SwitchScene : MonoBehaviour
{

    public string targetObjectName; // 목표 오브젝트 이름 : Inspector에 지정
    public string sceneName; // 씬 이름 : Inspector에 지정

    void OnCollisionEnter2D(Collision2D collision) // 충돌했을 때
    {
        // 만약 충돌한 것의 이름이 목표 오브젝트였다면
        if (collision.gameObject.name == targetObjectName)
        {
            // 씬을 전환한다
            SceneManager.LoadScene(sceneName);
        }
    }
}
```

만든다

이 스크립트를 사용해 「충돌하면 게임 오버 씬으로 전환하는 구조」를 만들어 봅시다.

1 [프로젝트 창]에 스크립트를 준비합니다.

[프로젝트 창]의 메뉴 [+▼] → [C# Script]를 선택하고, 「**OnCollision_SwitchScene**」라고 이름을 다시 붙이고 더블 클릭해 Visual Studio에서 스크립트를 입력합니다.

Figure : **7.3.1**

```csharp
1    using System.Collections;
2    using System.Collections.Generic;
3    using UnityEngine;
4    using UnityEngine.SceneManagement;    // 씬 전환에 필요
5
6    // 충돌하면 씬을 전환한다
7    public class OnCollision_SwitchScene : MonoBehaviour
8    {
9
10       public string targetObjectName; // 목표 오브젝트 이름 : Inspector에 지정
11       public string sceneName; // 씬 이름 : Inspector에 지정
12
13       void OnCollisionEnter2D(Collision2D collision)// 충돌했을 때
14       {
15           // 만약 충돌한 것의 이름이 목표 오브젝트였다면
16           if (collision.gameObject.name == targetObjectName)
17           {
18               // 씬을 전환한다
19               SceneManager.LoadScene(sceneName);
20           }
21       }
22    }
23
```

(※ 샘플 파일을 사용할 때는 [scripts] → [group6_Scene] 안의 「**OnCollision_SwitchScene**」을 사용합니다.)

② 첫 번째 씬을 만듭니다.
「유령(ghost_0)」의 이미지 파일을 [씬 뷰]에 배치하고, [인스펙터 창]의 [Add Component] 를 클릭한 후, [Physics 2D] → [Box Collider 2D]를 적용합니다.

Figure : **7.3.2**

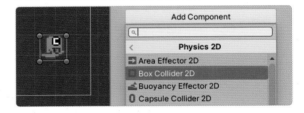

③ 「플레이어(player1R_0)」의 이미지 파일을 [씬 뷰]에 배치하고, [인스펙터 창]의 [Add Component]를 클릭한 후, [Box Collider 2D], [Rigidbody 2D] 두 가지를 적용합니다.

Figure : **7.3.3**

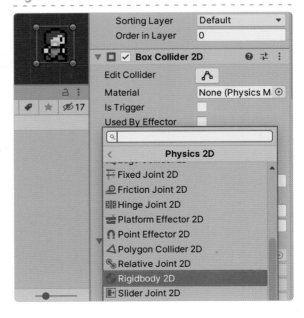

④ 「플레이어」에 키를 누르면 이동하는 스크립트 「**OnKeyPress_Move**」와 충돌하면 씬을 전환하는 스크립트 「**(OnCollision_SwitchScene)**」를 적용하고, [인스펙터 창]에서 [Target Object Name]에 유령 이름 「ghost_0」 [Scene Name]에 다음 화면의 씬 이름 「chap73gameover」라고 설정합니다.

Figure : **7.3.4**

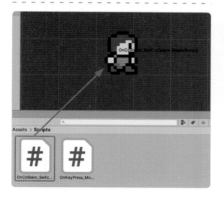

Figure : **7.3.5**

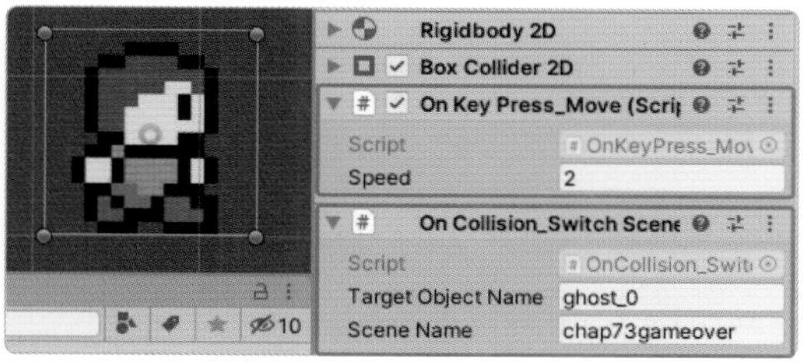

⑤ 메뉴의 [File] → [Save As...]을 선택하고, 저장 대화상자의 [Save As:]에 「chap73main」으로 붙여서 저장합니다.

Figure : **7.3.6**

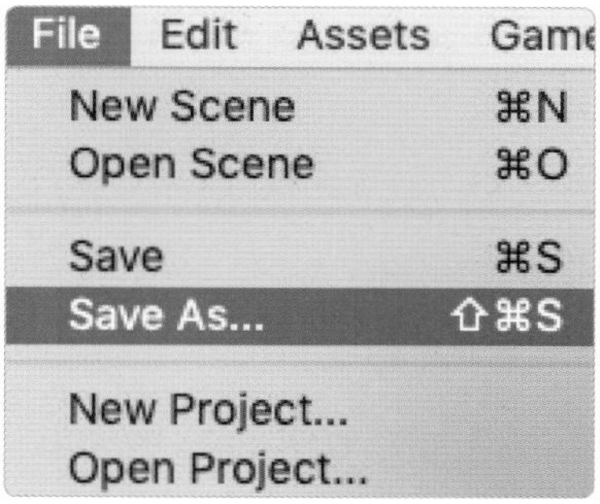

⑥ 두 번째 씬을 만듭니다. 메뉴의 [File] → [New Scene]을 선택하고, 「게임 오버(gameover)」 이미지 파일을 [씬 뷰]에 배치합니다.

Figure : **7.3.7**

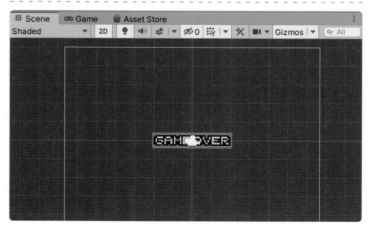

⑦ 메뉴의 [File] → [Save As...]을 선택하고, 저장 대화상자의 [Save As:]에 「chap73gameover」라고 이름을 붙여 저장합니다.

Figure : **7.3.8**

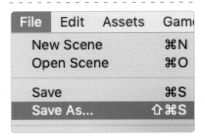

⑧ 메뉴의 [File] → [Build Settings...]을 선택하고, Build Settings 대화상자의 [Scenes In Build]에 두 개의 씬을 추가합니다. 추가했으면 Build Settings 대화상자는 닫습니다.

Figure : **7.3.9**

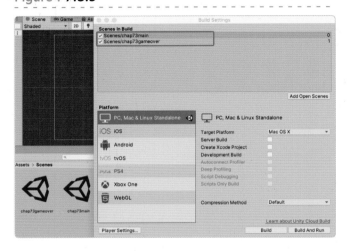

⑨ 첫 번째 씬(chap73main)을 더블클릭해서 열고, 「Play」 버튼을 눌러 봅시다.

Figure : **7.3.10**

⑩ 키 조작으로 플레이어를 움직이고, 유령에 닿으면 씬이 전환되는 걸 알 수 있습니다.

Figure : **7.3.11**

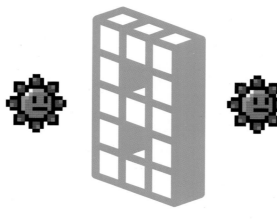

Chapter 8

프리팹으로
많이 만든다

프리팹이란?

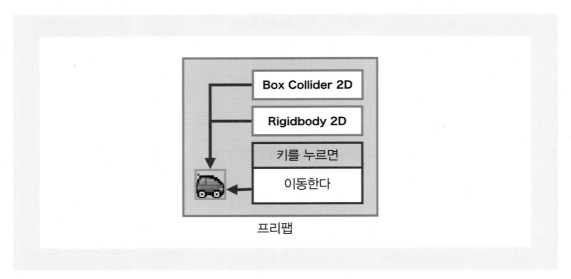

프리팹은 게임 오브젝트와 컴포넌트를 합한 것

이제까지 게임 오브젝트는 씬상에 배치해서 처음부터 등장시켰습니다. 그러나 이 제작 방법으로는 나중에 게임 오브젝트를 등장시킬 수 없습니다.

게임을 시작한 후에 적이 점점 늘어나거나 적이나 플레이어가 미사일을 발사하는 것처럼 나중에 게임 오브젝트를 등장시키고 싶을 때에는 다른 방법을 사용합니다. 그것이 「프리팹」입니다.

프리팹은 「게임 오브젝트와 컴포넌트를 하나로 합해서 부품화한 것」입니다.

이제까지의 게임 오브젝트는 이미지를 씬에 드래그 앤 드롭한 후 「Box Collider 2D」 「Rigidbody 2D」 「키를 누르면 이동하는 스크립트」 등을 적용해서 만들었습니다. 프리팹은 **이것들을 합해서 하나의 부품으로서 [프로젝트 창]에 저장하는 구조**입니다.

프리팹 만드는 방법

프리팹 만드는 방법은 먼저 **기능하는 게임 오브젝트를 만드는 것**부터 시작합니다.
「가로로 계속 달리는 차의 프리팹」 예시를 만들어 봅시다.

① 먼저 「자동차(car_1)」 이미지 파일을 [씬 뷰]에
배치합니다.

Figure : **8.1.1**

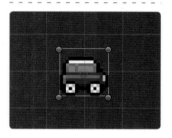

② 이것에 계속 수평으로 이동하는 스크립트
「**Forever_MoveH**」를 적용합니다.

Figure : **8.1.2**

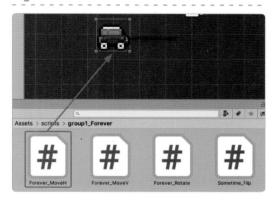

③ 완성한 「기능하는 게임 오브젝트」를 [프로젝트
창]에 드래그 앤 드롭합니다. [씬 뷰]로부터 드
래그할 수 없으므로 [하이어라키 창]으로부터
드래그 앤 드롭합니다.

Figure : **8.1.3**

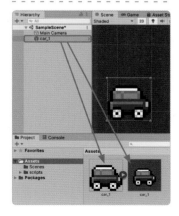

211

④ 프리팹을 만들었으므로 원본 게임 오브젝트는 이제 필요 없습니다. 메뉴의 [Edit] → [Delete]로 삭제합시다.

Figure : **8.1.4**

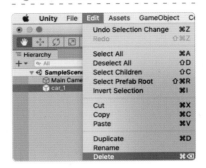

⑤ 이로써 씬상에 아무런 게임 오브젝트가 없지만 [프로젝트 창]에는 「가로로 계속 달리는 자동차 프리팹」이 남아있습니다. 프리팹(배경에 진한 회색이 있는 쪽)을 선택하면 [인스펙터 창]에 게임 오브젝트의 정보가 표시됩니다. 이번엔 「**Forever_ MoveH(Script)**」가 적용되어 있습니다.

Figure : **8.1.5**

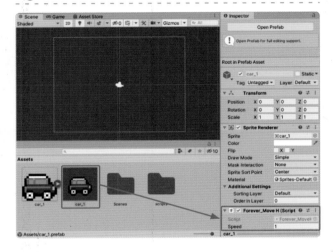

⑥ 이 프리팹은 드래그 앤 드롭으로 씬에 등장시킬 수 있습니다.

Figure : **8.1.6**

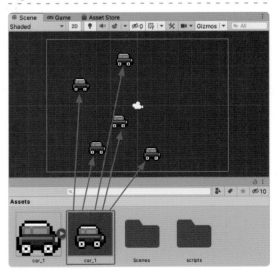

⑦ [프로젝트 창]에 있는 프리팹을 [씬 뷰]에
여러 개 드래그 앤 드롭해 봅시다. 「Play」
버튼을 누르면 전부 움직이기 시작합니다.

Figure : **8.1.7**

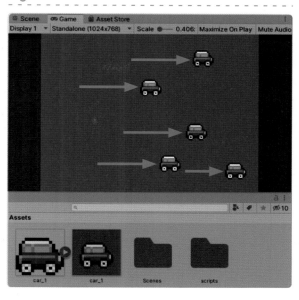

스크립트로 프리팹을 만든다

만든 프리팹은 다음 명령으로 씬상에 등장시킬 수 있습니다.

[서식] 인스펙터 창에서 지정한 프리팹을 등장시킨다

```
public GameObject newPrefab;
GameObject newGameObject = Instantiate(newPrefab) as GameObject;
```

다만 이대로 하면 프리팹이 「첫 프리팹을 만든 위치」에서만 등장하기 때문에 프리팹을 새롭게 지정한
위치에서 나타나게 하려면 **transform.position**으로 지정해야 합니다. 또한 다른 게임 오브젝트에 가
려지지 않도록 **positionZ**를 사용해 앞쪽에 표시하도록 합시다.

[서식] 프리팹을 지정 위치에 겹쳐진 부분이 앞쪽이 되도록 등장시킨다

```
public GameObject newPrefab;
GameObject newGameObject = Instantiate(newPrefab) as GameObject;
```

```
Vector3 pos = <표시할 위치>
pos.z = -5; // 앞쪽에 표시
newGameObject.transform.position = pos;
```

이것을 사용해 「터치하면 프리팹이 등장하는 스크립트」 「어떤 범위에 때때로 프리팹이 등장하는 스크립트」 등을 만들어 봅시다.

Figure : **8.1.8** 터치하면 프리팹이 등장한다

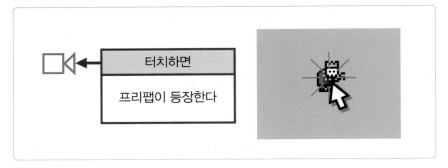

Figure : **8.1.9** 어떤 범위에 때때로 프리팹이 등장한다

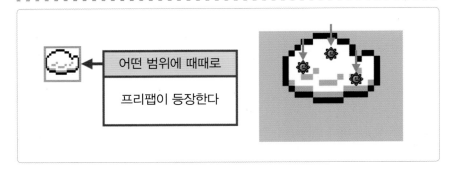

터치하면 프리팹이 등장한다

언제, 무엇을 할 것인가?

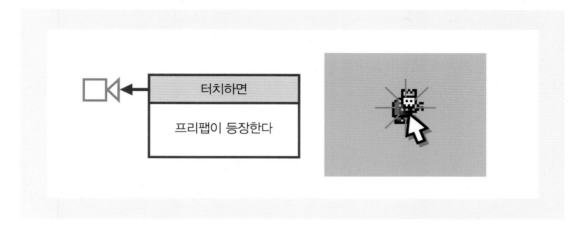

마우스로 터치하면 터치한 위치에 프리팹이 등장하는 스크립트를 만들어 봅시다.

Unity에서 게임 화면은 카메라가 본 모습이 표시되는 것이기 때문에 「마우스로 터치한 위치」는 디스플레이상에서의 위치일 뿐입니다. 그렇기에 이것을 「실제로 프리팹을 등장시키는 게임 안에서의 위치」인 **카메라 안에서의 위치로 변환**해야 합니다.

마우스로 터치한 위치를 카메라 안에서의 위치로 변환하려면 다음의 식을 사용해 구합니다.

> **[서식]** 마우스로 터치한 위치를 카메라 안에서의 위치로 변환한다
>
> ```
> var pos = Camera.main.ScreenToWorldPoint (Input.mousePosition +
> Camera.main.transform.forward);
> ```

스크립트

이것을 사용해 스크립트를 만듭시다. 「마우스로 터치하면」, 「프리팹을 만들어 등장시킨다」이므로 클래스 이름(파일 이름)은 **OnMouseDown_CreatePrefab**으로 했습니다.

OnMouseDown_CreatePrefab.cs

```
using System.Collections;
using System.Collections.Generic;
using UnityEngine;

// 터치하면 거기에 프리팹을 만든다
public class OnMouseDown_CreatePrefab : MonoBehaviour
{

    public GameObject newPrefab; // 만드는 프리팹 : Inspector에 지정

    void Update()
    {
      if (Input.GetMouseButtonDown(0))
      {
        // 터치한 위치를 카메라 안에서의 위치로 변환해서
        var pos = Camera.main.ScreenToWorldPoint(Input.mousePosition + Camera.main.transform.forward);
        pos.z = -5; // 앞쪽에 표시
        // 새로운 프리팹을 만들어 그 위치로 이동한다
        GameObject newGameObject = Instantiate(newPrefab) as GameObject;
        newGameObject.transform.position = pos;
      }
    }
}
```

덤 스크립트

다운로드 파일에는 비슷한 스크립트로 「키를 누르면 프리팹이 등장하는 스크립트(**OnKeyPress_CreatePrefab**)」을 준비했습니다. **OnkeyPress_CreatePrefab**을 사용하면 「키를 누르면 플레이어가 발사하는 미사일」 등을 만들 수 있습니다.

만들기

이 스크립트를 사용해서 「터치하면 왼쪽 오른쪽으로 어슬렁거리는 유령이 등장하는 무비」를 만들어 봅시다.

1. 먼저 스크립트 파일을 만듭니다. [프로젝트 창]의 메뉴 [+▼] → [C# Script]를 선택하고, 「**OnMouseDown_CreatePrefab**」으로 이름을 다시 붙인 후, 더블 클릭해서 Visual Studio에서 스크립트를 입력합니다.

Figure : **8.2.1**

```
using System.Collections;
using System.Collections.Generic;
using UnityEngine;

// 터치하면 거기에 프리팹을 만든다
public class OnMouseDown_CreatePrefab : MonoBehaviour
{

    public GameObject newPrefab; // 만드는 프리팹 : Inspector에 지정

    void Update()
    {
        if (Input.GetMouseButtonDown(0))
        {
            // 터치한 위치를 카메라 안에서의 위치로 변환해서
            var pos = Camera.main.ScreenToWorldPoint(Input.mousePosition + Camera.main.transform.forward);
            pos.z = -5; // 앞쪽에 표시
                        // 새로운 프리팹을 만들어 그 위치로 이동한다
            GameObject newGameObject = Instantiate(newPrefab) as GameObject;
            newGameObject.transform.position = pos;
        }
    }
}
```

(※샘플 파일을 사용할 때는 [scripts] → [group7_Prefab] 안의 「**OnMouseDown_CreatePrefab**」을 사용합니다.)

② 「왼쪽 오른쪽으로 어슬렁거리는 유령
의 프리팹」을 만듭니다. 먼저 「쥐 유령
(mouja_0)」 이미지를 [씬 뷰]에 배치합
니다.

Figure : **8.2.2**

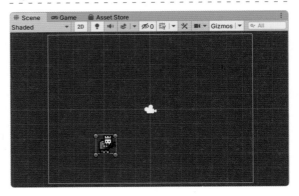

③ 이것에 「계속 수평으로 이동하는 스크
립트(**Forever_MoveH**)」와 「때때로 반전
하는 스크립트(**Sometime_Flip**)」을 적용
합니다.

Figure : **8.2.3**

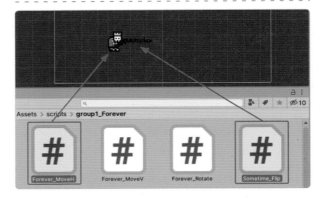

④ 완성한 게임 오브젝트를 [하이어라키
창]으로부터 드래그 앤 드롭해서 프리
팹을 만듭니다.

Figure : **8.2.4**

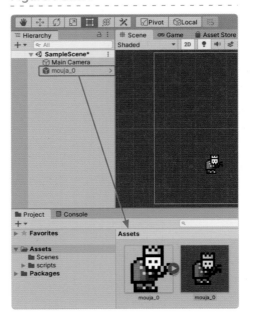

⑤ 원본 게임 오브젝트는 메뉴의 [Edit] → [Delete]로 삭제합니다.

Figure : **8.2.5**

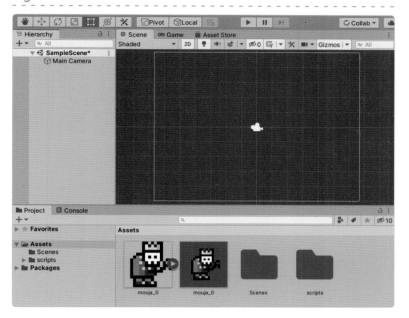

⑥ 게임 오브젝트를 삭제해서 씬상에는 아무 것도 없습니다. 그러나 스크립트는 「게임 오브젝트에 붙이는 기능」이므로 반드시 어떠한 게임 오브젝트에 붙여야 합니다. 이럴 때는 「빈 오브젝트」를 만들어 스크립트를 적용하는 방법이 있습니다. 그런데 잘 살펴보면 씬상에는 「Main Camera」가 있습니다. 카메라는 게임 화면을 표시하기 때문에 절대 없어지지 않습니다. 그래서 이번에는 이 카메라에 스크립트를 적용해서 행하도록 합니다.

「Main Camera」에 **OnMouseDown_CreatePrefab**을 적용합니다.

Figure : **8.2.6**

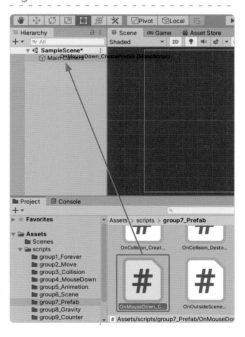

⑦ 다음에 [인스펙터 창]에서 [New Prefab]에 「왼쪽 오른쪽으로 어슬렁거리는 유령의 프리팹」을 드래그 앤 드롭으로 설정합니다.

Figure : **8.2.7**

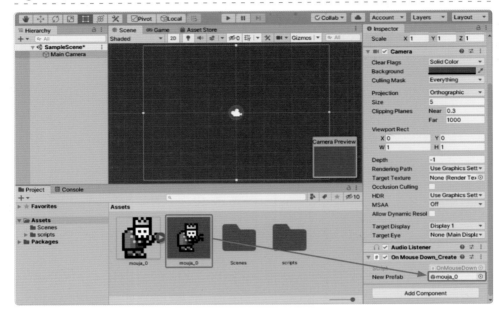

⑧ 「Play」 버튼을 눌러 봅시다. 마우스로 터치하면 왼쪽 오른쪽으로 서성거리는 유령이 등장하는 걸 알 수 있습니다.

Figure : **8.2.8**

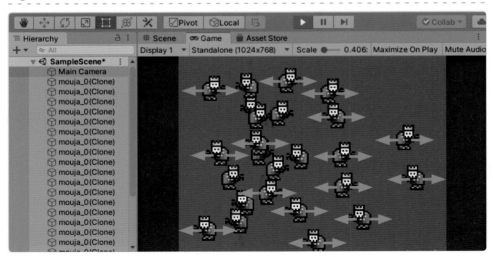

어떤 범위에 때때로 프리팹이 등장한다

언제, 무엇을 할 것인가?

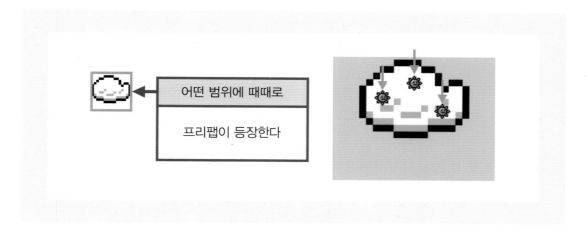

다음은 **때때로 자동으로 프리팹이 등장하는 구조**를 만들어 봅시다.

때때로 등장시키기 위해 챕터3의 「때때로 회전한다」에서 만든 「수를 세는 방법」을 사용할 수 있고, 아니면 다음과 같이 「지정한 초마다 반복한다」라는 명령을 사용할 수도 있습니다.

```
[서식] 지정한 초마다 메서드를 반복한다

InvokeRepeating("메서드 이름", 1, <반복하는 초 수>);
void 메서드 이름() {
    // 반복하는 것
}
```

이 때, 프리팹을 어디에 등장시키면 좋을까요? 자동으로 등장하는 적이 있다고 가정해 봅시다. 만약 적이 일정한 곳에서 등장하면 게임이 너무 단순해서 금방 지루해지기 마련입니다. 게임을 조금 더 흥미롭게 만들기 위해서는 적 프리팹을 「어떤 범위 안에서 랜덤으로 등장」시켜야 합니다.

이제까지 게임 오브젝트는 등장하고 움직이거나, 장애물로서 존재했는데 「범위를 나타내는 것」으로서 사용할 수도 있습니다. 예를 들어, 「구름」을 게임 오브젝트로 만들고 「범위를 나타내는 것」으로서 사용하면 「구름의 범위」로부터 「눈」이 내리는 듯한 구조를 만들 수 있습니다.

다음의 명령으로 게임 오브젝트의 범위에서 랜덤한 위치를 구할 수 있습니다.

[서식] 게임 오브젝트의 범위 내에서 랜덤인 위치(newPos)를 구한다

```
Vector3 area = GetComponent<SpriteRenderer>().bounds.size;
Vector3 newPos = this.transform.position;
newPos.x += Random.Range(-area.x/2, area.x/2);
newPos.y += Random.Range(-area.y/2, area.y/2);
```

이것을 사용해 「게임 오브젝트의 범위 내 어딘가에 때때로 프리팹을 등장시킨다」 스크립트를 만듭니다.

스크립트

「어떤 범위에 때때로」 「프리팹을 만들어 등장시킨다」이므로 클래스 이름(파일 이름)은 **Sometime_RandomCreatePrefab**으로 했습니다.

Sometime_RandomCreatePrefab.cs

```
using System.Collections;
using System.Collections.Generic;
using UnityEngine;

// 때때로 범위 내에 랜덤으로 프리팹을 만든다
public class Sometime_RandomCreatePrefab : MonoBehaviour
{

    public GameObject newPrefab; // 만드는 프리팹  : Inspector에 지정한다
    public float intervalSec = 1; // 작성 간격(초) : Inspector에 지정한다
```

```
void Start( ) // 처음에 시행한다
{
    // 지정 초 수마다 CreatePrefab을 반복 실행하는 예약
    InvokeRepeating("CreatePrefab", intervalSec, intervalSec);
}

void CreatePrefab( )
{
    // 이 오브젝트의 범위 내에 랜덤으로
    Vector3 area = GetComponent<SpriteRenderer>( ).bounds.size;

    Vector3 newPos = this.transform.position;
    newPos.x += Random.Range(-area.x/2, area.x/2);
    newPos.y += Random.Range(-area.y/2, area.y/2);
    newPos.z = -5; // 앞 쪽에 표시
    // 프리팹을 만든다
    GameObject newGameObject = Instantiate(newPrefab) as GameObject;
    newGameObject.transform.position = newPos;
}
}
```

───── 덤 스크립트 ─────

다운로드 파일에는 비슷한 스크립트로 「충돌하면 프리팹을 등장시키는 스크립트(**OnCollision_CreatePrefab**)」을 준비했습니다.

OnCollision_CreatePrefab을 사용하면 「충돌하면 불꽃 프리팹을 출현시킨다」 등을 만들 수 있습니다.

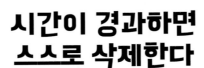

시간이 경과하면
스스로 삭제한다

언제, 무엇을 할 것인가?

프리팹을 사용해서 게임을 만들 때 생각해야 할 것이 있습니다. 그것은 「**등장시킨 프리팹은 언제 삭제할 것인가?**」입니다. 프리팹을 사용하면 스크립트에서 무한으로 게임 오브젝트를 만들어 낼 수 있어서 게임의 처리 속도가 느려집니다. 게임 오브젝트가 이동해서 화면 밖으로 나간다고 해도 계속 기능하고 있으므로 메모리가 소비됩니다.

Figure : **8.4.1**

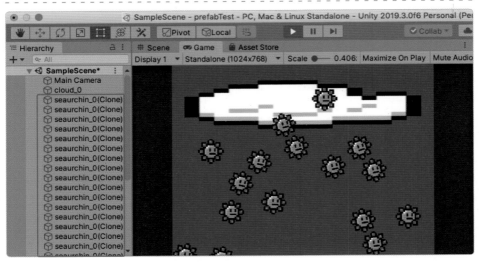

그래서 「시간이 경과하면 스스로 삭제하는 스크립트」를 만들고자 합니다. 미리 프리팹에 적용해 두면 시간 경과에 따라 자동적으로 삭제되므로 처리 속도가 느려지는 걸 피할 수 있습니다.

[서식] 지정한 초 수가 경과하면 스스로 삭제한다

```
Destroy(this.gameObject, <몇 초 후>);
```

스크립트

클래스 이름(파일 이름)은 「시간이 경과하면」 「자신을 삭제한다」이므로 **OnTimeout_DestroyMe**로 했습니다.

```
OnTimeout_DestroyMe.cs

using System.Collections;
using System.Collections.Generic;
using UnityEngine;

// 시간이 다 되면 자기 자신을 삭제한다
public class OnTimeout_DestroyMe : MonoBehaviour
{

    public float limitSec = 3; // 초 수 : Inspector에 지정

    void Start() // 처음에 시행한다
    {
        Destroy(this.gameObject, limitSec); // 지정된 초 후에 소멸하는 예약
    }
}
```

덤 스크립트

다운로드 파일에는 비슷한 스크립트로 「화면 밖으로 나가면 자신을 삭제하는 스크립트(**OnOutsideScene_DestroyMe**)」 「충돌하면 자신과 상대를 삭제하는 스크립트(**OnCollision_Destory**)」 「충돌하면 자신만 삭제하는 스크립트(**OnCollision_DestoryMe**)」를 준비했습니다.
OnOutsideScene_DestroyMe를 사용하면, 「화면에서 밖으로 나오면 자동적으로 사라지는 미사일」 등을 만들 수 있습니다.
OnCollision_Destory를 사용하면 「뭔가에 충돌하면 자신과 충돌한 것을 파괴할 수 있는 미사일」 등을 만들 수 있습니다.
OnCollision_DestoryMe를 사용하면 「뭔가에 충돌하면 자신만 사라지는 미사일」 등을 만들 수 있습니다.

225

[샘플 어플] 성게 피하기 게임

Figure : **8.4.2** 게임 화면

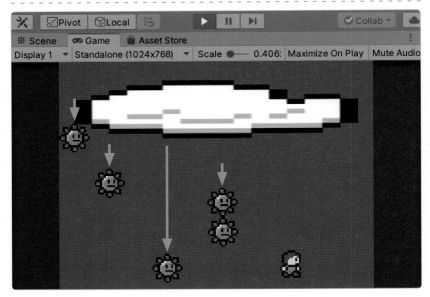

이러한 스크립트를 사용하면 「어떤 범위에서 무언가가 등장」해서 「시간이 경과하면 사라진다」를 만들 수 있습니다. 「하늘에서 내려오는 성게를 내려와 피하는 게임」을 만들어 봅시다.

게임의 규칙

하늘에서 내려오는 성게를 피하는 게임입니다. 충돌하면 「게임 오버」입니다.

필요한 이미지

이 게임에 필요한 게임 오브젝트는 다음과 같습니다.

● 「플레이어(player1R_0)」
● 「성게(seaurchin_0)」
● 「구름(cloud_0)」
● 「GAMEOVER(gameover)」

필요한 스크립트

이 게임에 필요한 스크립트는 다음과 같습니다.

- 「계속 수직으로 이동하는 스크립트(**Forever_MoveV**)」 챕터3
- 「위 아래 왼쪽 오른쪽 키를 누르면 이동한다(**OnKeyPress_Move**)」 챕터4
- 「충돌하면 무언가를 표시한다 : 여러 개 대응판(**OnMultiCollision_Show**)」 챕터4
- 「충돌하면 게임을 정지한다(**OnCollision_StopGame**)」 챕터4
- 「어떤 범위에 때때로 프리팹이 등장한다(**Sometime_RandomCreatePrefab**)」
- 「시간이 경과하면 스스로 삭제한다(**OnTimeout_DestroyMe**)」

① 먼저 「Game」 탭을 선택하고, 바로 아래 메뉴에서 [Standalone(1024x768)]을 선택합니다.

Figure : **8.4.3**

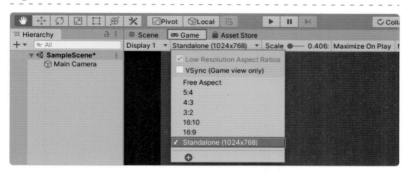

② 「Scene」 탭을 선택해서 씬 화면으로 전환하고, 「Main Camera」를 선택해서 [인스펙터 창]의 [Camera] → [Background]로 배경색을 선택합니다.

Figure : **8.4.4**

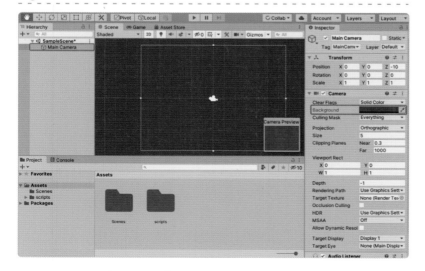

3 「낙하하는 성게 프리팹」을 만듭니다. 먼저 「성게(seaurchin_0)」 이미지를 [씬 뷰]에 배치하고, [인스펙터 창]의 [Add Component]를 클릭한 후, [Physics 2D] → [Box Collider 2D], [Rigidbody 2D] 두 가지를 적용합니다. 또한, 「Rigidbody 2D」의 [Gravity Scale]은 「0」으로 합니다.

Figure : **8.4.5**

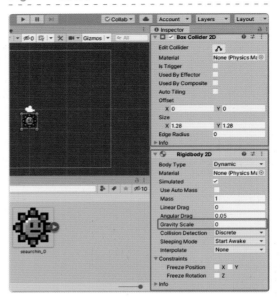

4 이것에 「계속 수직으로 이동하는 스크립트(**Forever_MoveV**)」를 적용합니다. 아래로 이동시키려면 [인스펙터 창]에서 「ForeverMoveV」의 「Speed」를 「−5」로 합니다.

Figure : **8.4.6**

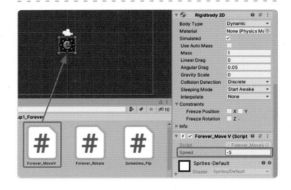

5 「시간이 경과하면 자신을 삭제하는 스크립트(**OnTimeout_DestroyMe**)」도 적용합니다.

Figure : **8.4.7**

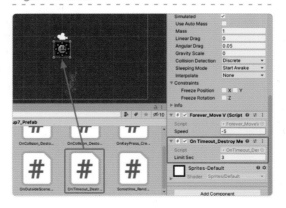

6 완성된 게임 오브젝트를 [하이어라키 창]으로부터 드래그 앤 드롭해서 프리팹을 만들고, 원본이 되는 게임 오브젝트는 메뉴의 [Edit] → [Delete]로 삭제합니다.

Figure : **8.4.8**

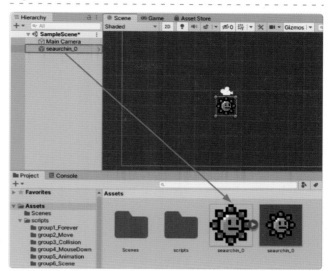

Figure : **8.4.9**

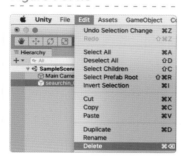

7 「구름(cloud_0)」 이미지를 [씬 뷰]에 배치해서 「어떤 범위에 때때로 프리팹이 등장하는 스크립트(**Sometime_RandomCreatePrefab**)」을 적용합니다.

Figure : **8.4.10**

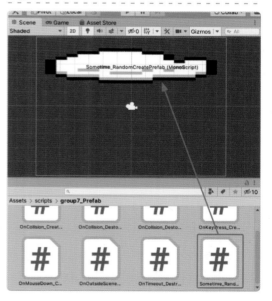

⑧ [인스펙터 창]에서 [New Prefab]에 「아래로 낙하하는 성게 프리팹」을 드래그 앤 드롭으로 설정합니다. 「Interval Sec」는 「0.3」으로 해서 0.3초 간격으로 낙하하게 합니다.

Figure : **8.4.11**

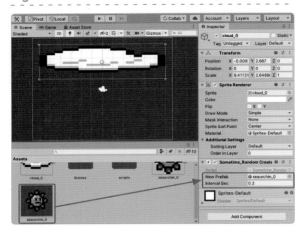

⑨ 만드는 도중이지만 「Play」 버튼을 눌러 봅시다. 구름에서 성게가 내려오는 걸 알 수 있습니다.

Figure : **8.4.12**

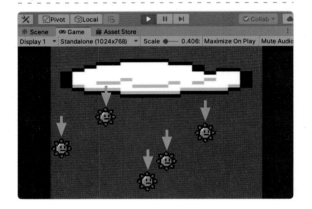

⑩ 플레이어를 추가합니다. 「플레이어 (player1R_0)」 이미지 파일을 [씬 뷰]에 배치하고, [인스펙터 창]의 [Add Component]를 클릭한 후, [Physics 2D] → [Box Collider 2D], [Rigidbody 2D] 두 가지를 적용합니다.

Figure : **8.4.13**

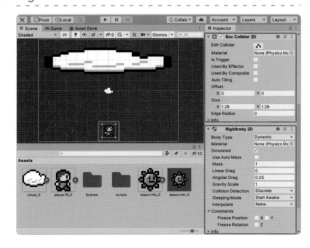

⓫ 「플레이어」에 「키를 누르면 이동하
는 스크립트(**OnKeyPress_Move**)」를
적용합니다. 재빨리 움직일 수 있게
「speed」는 「5」로 변경합니다.

Figure : **8.4.14**

⓬ 「GAMEOVER(gameover)」 이미지를 [씬
뷰]에 배치합니다.

Figure : **8.4.15**

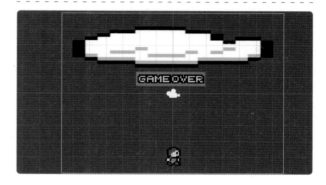

⓭ 「성게 프리팹」에 「충돌하면 뭔가를 표시하는 스크립트의 여러 개 대응판(**OnMultiCollision_Show**)」
을 적용합니다. [프로젝트 창]의 성게 프리팹을 선택하고, [인스펙터 창]의 [Add Component]를 클릭
한 후, [Scripts] → 「**OnMultiCollision_Show**」를 선택해서 적용합니다. [Target Object Name]에 플레
이어의 이름 「player1R_0」, [Show Object Name]에 GAMEOVER의 이름 「gameover」를 설정합니다.

Figure : **8.4.16**

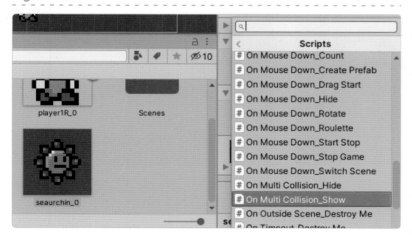

Figure : **8.4.17**

⑭ 「성게 프리팹」에 「충돌하면 게임을 멈추는 스크립트(**OnCollision_StopGame**)」을 적용합니다. [프로젝트 창]의 성게 프리팹을 선택하고, [인스펙터 창]의 [Add Component]를 클릭한 후, [Scripts] → 「**OnCollision_StopGame**」을 선택해서 적용합니다. [Target Object Name]에 플레이어 이름 「player1R_0」을 설정합니다.

Figure : **8.4.18**

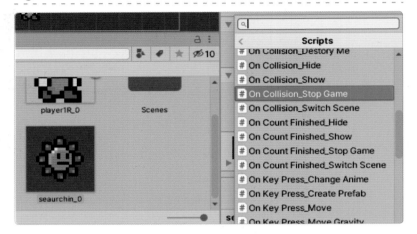

Figure : **8.4.19**

⑮ 이로써 완성입니다. 「Play」 버튼을 눌러 봅시다. 위, 아래, 왼쪽, 오른쪽 키로 플레이어를 움직이며 하늘에서 내려오는 성게를 피합시다. 충돌하면 게임 오버입니다.

Figure : **8.4.20**

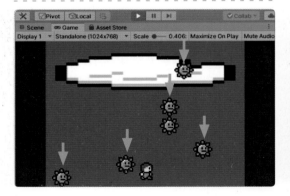

Figure : **8.4.21**

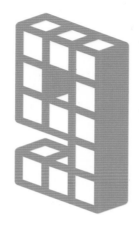

Chapter 9

중력을 사용한다

중력이란?

Rigidbody 2D는 「계속 아래 방향으로 힘을 가한다」

「리지드바디」는 게임 오브젝트에 물리적인 움직임을 시키는 컴포넌트이고, 「콜라이더」는 충돌하는 형태를 설정하는 컴포넌트입니다.

이 두 개의 컴포넌트를 적용한 게임 오브젝트는 다른 물체와 충돌하고, 움직이는 방향에 벽이나 장애물이 있으면 더 이상 나아가지 못합니다. 또한 공중에 있을 때 중력의 영향을 받아 낙하하게 됩니다.

이제까지는 게임을 단순하게 만들기 위해서 일부러 중력(GravityScale)을 「0」으로 해서 무효로 했지만, 이 챕터에서는 「중력을 유효로 한 게임」을 살펴봅시다.

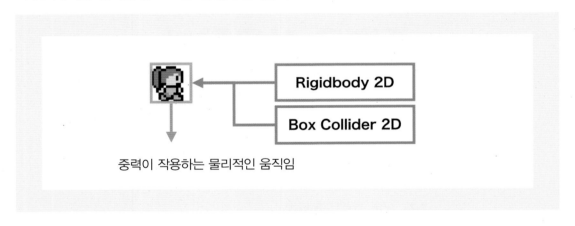

중력이 작용하는 물리적인 움직임

중력(GravityScale) 설정을 기본값 「1」 그대로 두면 게임 오브젝트에 중력이 발생합니다.

2D 게임에서 중력이란 「아래 방향으로 힘이 계속 가해지는 것」입니다. 그 때문에 게임 오브젝트는 아래 방향으로 낙하하는데, 만약 그 아래에 「지면과 같이 움직이지 않는 물체」가 있으면 거기에 떠받혀서 낙하는 멈춥니다.

즉 2D의 Unity에서는 「게임 오브젝트에 리지드바디 와 콜라이더를 적용하는 것만으로 간단하게 중력 을 받는 물리적인 움직임을 시킬 수 있는 것」입니다.

Figure : **9.1.1**

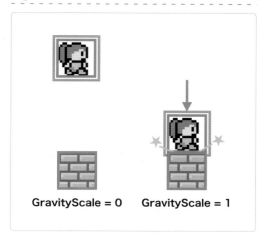

GravityScale = 0　　GravityScale = 1

이것은 이미 챕터4 「충돌의 기능을 적용한다」에서 시험했습니다. [Rigidbody 2D]와 [Collider 2D]를 적용하면 「자동차」가 낙하하고, 그 자리에 [Collider 2D]만을 적용한 「블록」을 놓아두면 거기에 떠받혀서 낙하가 멈춥니다.

Figure : **9.1.2**

[샘플 어플] 쌓인 햄버거

물체를 간단하게 낙하시킬 수 있으니 이제 물체 여러 개를 떨어뜨리는 구조를 만들어 봅시다. 「마우스로 터치하면 햄버거가 출현하고 낙하하는 무비」입니다.

「마우스로 터치하면 물체가 출현한다」라는 것은 챕터8의 「마우스로 터치하면 프리팹을 출현시키는 스크립트(**OnMouseDown_CreatePrefab**)」를 사용할 수 있습니다.

햄버거 프리팹에는 미리 [Rigidbody 2D]와 [Box Collider 2D]를 적용해 둡니다.

❶ 먼저 「햄버거 프리팹」을 만듭니다. 「햄버거 (item_06)」 이미지를 [씬 뷰]에 배치하고, [인스펙터 창]의 [Add Component]를 클릭한 후, [Physics 2D] → [Box Collider 2D], [Rigidbody 2D] 두 가지를 적용합니다.

Figure : **9.1.3**

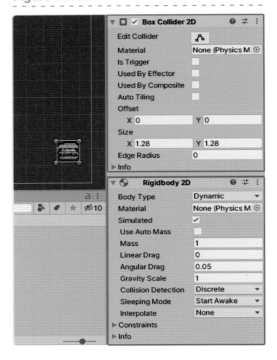

❷ 이 게임 오브젝트를 [하이어라키 창]에서 [프로젝트 창]으로 드래그 앤 드롭해서 프리팹을 만듭니다.

Figure : **9.1.4**

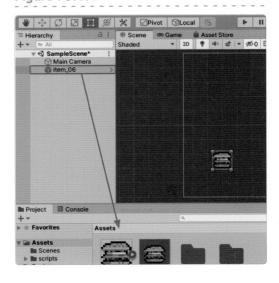

❸ 원본 게임 오브젝트는 메뉴의 [Edit] → [Delete]로 삭제합니다.

Figure : **9.1.5**

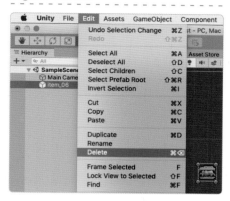

❹ 「마우스로 터치하면 프리팹을 출현시키는 스크립트(**OnMouseDown_CreatePrefab**)」을 「Main Camera」에 적용합니다. [인스펙터 창]에서 [New Prefab]의 항목에 「햄버거 프리팹」을 드래그 앤 드롭으로 설정합니다.

Figure : **9.1.6**

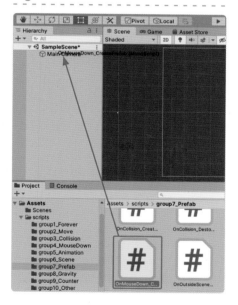

Figure : **9.1.7**

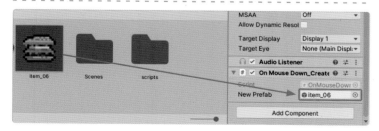

⑤ 여기에서 잠깐 「Play」 버튼을 눌러 시험해 봅시다. 터치하면 햄버거가 등장하고 낙하하는 걸 알 수 있습니다. 그러나 햄버거가 끊임없이 낙하해서 화면 밖으로 사라지게 되니, 지면을 만들어 봅시다.

Figure : **9.1.8**

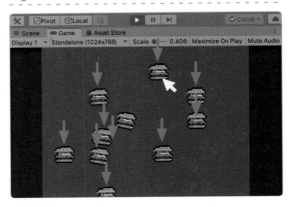

⑥ 「벽돌(block_00)」 이미지를 가로로 확대해서 지면을 만듭니다. 하지만 그림 9.1.9처럼 이미지를 그저 잡아 늘이기만 한 모양은 우리가 원하는 것이 아닙니다. 기존 형태를 유지하며 확대하려면 이미지가 타일 형태로 표시되도록 설정을 바꿔야 합니다.

Figure : **9.1.9**

먼저 **[프로젝트 창]** 안의 「벽돌」을 선택하고, [인스펙터 창]에서 [Sprite Mode] → [Mesh Type]을 「Full Rect」로 변경하고, 오른쪽 아래의 [Apply]을 누릅니다.

Figure : **9.1.10**

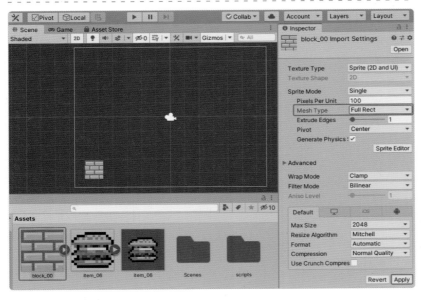

⑦ 다음에 **[씬 뷰]에 배치한 「벽돌」**을 선택하고, [인스펙터 창]의 [Sprite Renderer] → [Draw Mode]을
「Tiles」로 변경합니다. 설정을 변경하고 나서 이미지를 확대하면 이미지가 늘어나지 않고 타일 형태
로 나열됩니다.

Figure : **9.1.11**

⑧ 이 이미지에 [Box Collider 2D]를 적용할
때 한 가지 주의할 점이 있습니다. [인스펙
터 창]의 [Add Component]를 클릭한 후,
[Physics 2D]→[Box Collider 2D]를 적용하

Figure : **9.1.12**

면 **정사각형의 콜라이더의 테두리가 완성되는데,** 이것은 늘이기 전의 이미지 크기입니다. 이대로
두면 햄버거가 왼쪽 오른쪽의 테두리 밖에 빠져나가 떨어지고 맙니다.

⑨ 이 문제를 해결하려면 콜라이더 테두리를 늘인 크기에 맞춰야 합니다. [인스펙터 창]의 [Box
Collider 2D] → [Auto Tiling]을 체크하면 됩니다.

Figure : **9.1.13**

10 그럼 「Play」 버튼을 눌러 봅시다. 터치하면 햄버거가 등장해서 쌓여 가는 걸 알 수 있습니다.

Figure : **9.1.14**

완성!

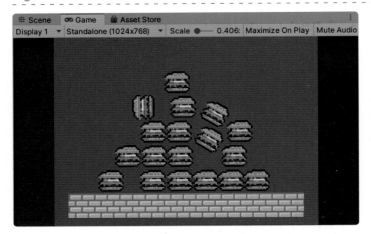

무게, 마찰, 탄력

여기에서 Unity의 물리 시뮬레이션에 대해서 조금 더 살펴봅시다. Unity에서는 「낙하」 「충돌」을 다루는 것 외에도 「**무게**」 「**마찰**」 「**탄력**」을 변경할 수도 있습니다.

「무게」란 게임 오브젝트의 무게입니다. 사실은 외형의 크기와 무게는 관계없습니다. 크게 하거나 작게 해도 디폴트 무게는 1입니다.

Figure : **9.1.15**

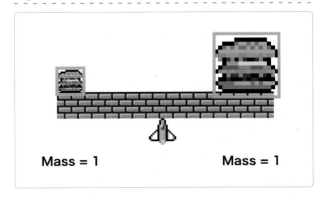

「무게」를 변경하려면 [인스펙터 창]의
[Rigidbody] → [Mass]로 행합니다. Mass
값을 크게 하면 무거워지고, 작게 하면 가
벼워집니다. 외형의 크기가 무게와 아무런
관련이 없기 때문에 크지만 가벼운 것, 작
지만 무거운 것을 만들 수 있습니다.

Figure : **9.1.16**

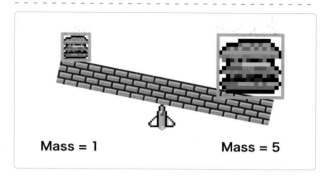

Mass = 1   Mass = 5

Figure : **9.1.17**

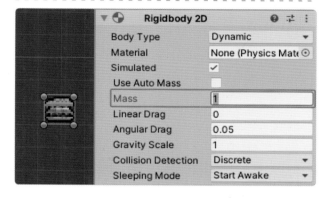

「마찰」, 「탄력」을 변경할 수도 있습니다. 「마찰」이란 미끄러짐의 정도입니다. 마찰이 있으면 미끄러지지
않게 되고, 없으면 미끄러지기 쉽습니다. 그리고 「탄력」이란 팅김의 정도입니다. 탄력이 있으면 팅기기
쉽지만, 없으면 잘 팅겨지지 않습니다.

Figure : **9.1.18**

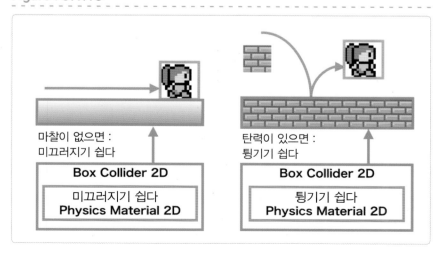

「마찰」「탄력」은 [Physics Material 2D]를 사용해 지정할 수 있습니다. 이것은 메뉴의 [Assets] → [Create] → [Physics Material 2D]를 선택해서 만들 수 있습니다.

Figure : **9.1.19**

[프로젝트 창]에서 [New Physics Material 2D]를 선택하고 [인스펙터 창]을 살펴봅시다. [Friction]과 [Bounciness] 항목이 있습니다. [Friction]은 마찰이며, 1은 까슬까슬, 0은 매끈매끈입니다. [Bounciness]는 탄력이며, 1은 튀고, 0은 튀지 않습니다. 양쪽 모두 소수로 설정할 수 있습니다.

Figure : **9.1.20**

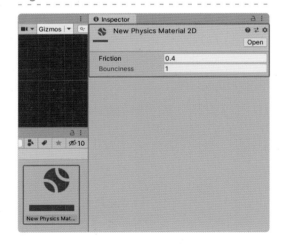

[Physics Material 2D]로 마찰, 탄력 설정을 실행하면 「그러한 마찰, 그러한 탄력의 재료」가 완성됩니다. 그 [Physics Material 2D]를 게임 오브젝트에 적용합시다. 설정한 재료가 게임 오브젝트에 적용되어 미끄러지거나 튀게 됩니다.

(실제로는 충돌을 행할 때에 영향을 미치는 것이므로 자동적으로 게임 오브젝트의 [Collider 2D]에 적용되어 있습니다.)

Figure : **9.1.21**

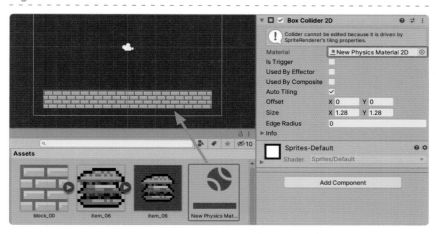

게임 오브젝트의 무게는 외형이 크거나 작아도 Mass로 지정한 무게가 되는데 **외형 그대로의 무게**로 할 수도 있습니다.

[인스펙터 창]의 [Rigidbody 2D] → [Use Auto Mass]를 체크하면 크기에 따라 자동적으로 Mass 값을 변경해줍니다. 큰 것은 무거워지고, 작은 것은 가벼워집니다.

Figure : **9.1.22**

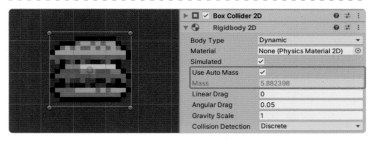

키를 누르면 이동&점프

언제, 무엇을 할 것인가?

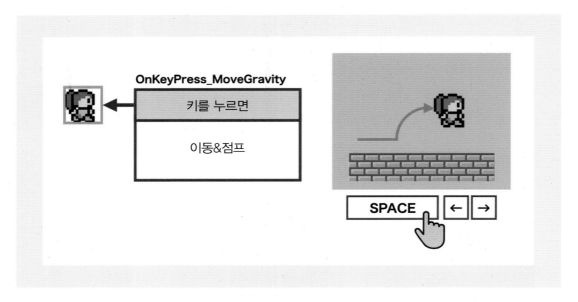

왼쪽, 오른쪽 키를 누르면 이동, 스페이스 키를 누르면 점프

그럼 이 중력이 있는 세계에서 게임 오브젝트를 키 조작으로 움직여 봅시다. **왼쪽, 오른쪽 키를 누르면 그 방향으로 움직이고, 스페이스 키를 누르면 점프하는 스크립트**입니다.

키를 누르면 이동하는 것은 챕터4의 「사용자의 키 조작으로 움직이는 스크립트(**OnKeyPress_Move**)」를 그대로 사용할 수 있습니다. 하지만 시험해보면 움직임이 무언가 이상하다고 느낄 것입니다. 「OnKeyPress_Move」를 적용하면 게임 오브젝트가 낙하하지 않고, 그것을 왼쪽 오른쪽 뿐만 아니라 위아래로도 이동시킬 수 있게 됩니다.

Figure : **9.2.1**

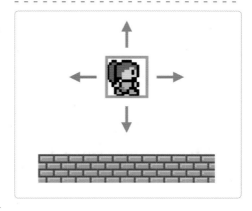

여기서 게임 오브젝트가 낙하하지 않는 것은 Start에 GravityScale을 0으로 설정해서 그런 걸까요? 물론 그것도 하나의 이유이지만, 그 설정을 없앤다고 하더라도 낙하하지 않습니다. 왜냐하면 이동시킬 때 「Vector2(vs. vy)」와 X방향, Y방향의 이동량을 강제적으로 지정하고 있기 때문입니다.

중력은 「계속 아래로 힘이 가해진다」라고 하는, Y방향의 힘을 주고 있으나 그 아래 방향으로 힘을 덮어써서 지워지기 때문에 낙하하지 않게 되는 것입니다.

```
rbody.velocity = new Vector2(vx, vy);
```

그래서 「리지드바디가 받고 있는 Y방향의 이동량 (rbody.velocity.y)」를 덮어쓰지 않도록 그대로 되돌리도록 합시다. 이러면 **중력을 받으면서 왼쪽, 오른쪽으로 이동할 수 있게** 됩니다. 또한 이 상태에서 위아래의 이동은 이상하니 **vy를 다루는 위아래의 이동 처리는 삭제해 둡니다.**

Figure : **9.2.2**

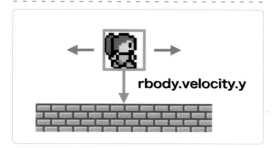

```
rbody.velocity = new Vector2(vx, rbody.velocity.y);
```

다음은 점프를 시켜봅시다. 『점프를 한다』란 무엇일까요? 점프를 할 때는 발로 지면을 박차고 위 방향으로 뛰어오릅니다. 즉, 「**위 방향에 순간 힘을 가한다**」라는 것으로 생각할 수 있습니다.

[리지드바디]에 「힘을 가한다」에는 「**AddForce()**」라는 명령을 사용합니다. 이를 사용해 위 방향에 순간 힘을 가하도록 명령합니다.

> **[서식]** 위 방향에 순간 힘을 더한다
>
> ```
> <리지드바디>.AddForce(new Vector2(0, <점프력>), ForceMode2D.
> Impulse);
> ```

「스페이스 키로 누르면 이 명령을 실행한다」로 해봅시다. 이로써 점프할 수 있게 될 것입니다.

앞에서 말했듯이 이것만으로는 이상한 움직임이 되고 맙니다. 어떤 이상한 움직임이 되는지 먼저 시험해 봅시다.

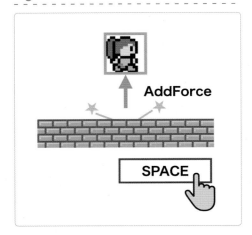

Figure : **9.2.3**

스크립트

클래스 이름(파일 이름)은 「키를 누르면」 「중력 안에서 이동하거나 점프한다」 시험판이므로 **OnKeyPress_TestMoveGravity**로 했습니다.

```
OnKeyPress_TestMoveGravity.cs

using System.Collections;
using System.Collections.Generic;
using UnityEngine;

// 키를 누르면 이동한다(중력대응 테스트판)
public class OnKeyPress_TestMoveGravity : MonoBehaviour
{

    public float speed = 3; // 속도 : Inspector에 지정
    public float jumppower = 8; // 점프력  : Inspector에 지정

    float vx = 0;
    bool leftFlag = false; // 왼쪽 방향인지 여부
    bool pushFlag = false; // 스페이스 키를 누르고 있는지 여부
    bool jumpFlag = false; // 점프 상태인지 여부
```

```
Rigidbody2D rbody;
void Start( ) // 처음에 시행한다
{
  // 충돌 시에 회전시키지 않는다
  rbody = GetComponent<Rigidbody2D>();
  rbody.constraints = RigidbodyConstraints2D.FreezeRotation;
}

void Update( ) // 계속 시행한다
{
  vx = 0;
  if (Input.GetKey("right")) // 만약 오른쪽 키가 눌리면
  {
    vx = speed; // 오른쪽으로 진행하는 이동량을 넣는다
    leftFlag = false;
  }
  if (Input.GetKey("left")) // 만약 왼쪽 키가 눌리면
  {
    vx = -speed; // 왼쪽으로 진행하는 이동량을 넣는다
    leftFlag = true;
  }
  // 만약 스페이스키가 눌리면
  if (Input.GetKey("space"))
  {
    if (pushFlag == false) // 누르고 있지 않으면
    {
      jumpFlag = true; // 점프 준비
      pushFlag = true; // 누르고 있는 상태
    }
  }
  else
  {
    pushFlag = false; // 누르고 있음 해제
  }
}
void FixedUpdate( ) // 계속 시행한다(일정 시간마다)
{
  // 이동한다(중력을 가한 채)
  rbody.velocity = new Vector2(vx, rbody.velocity.y);
  // 왼쪽 오른쪽으로 방향을 바꾼다
  this.GetComponent<SpriteRenderer>( ).flipX = leftFlag;
  // 만약 점프할 때
  if (jumpFlag)
  {
```

```
        jumpFlag = false;
        rbody.AddForce(new Vector2(0, jumppower), ForceMode2D.Impulse);
      }
    }
}
```

만들기

① 두 개의 「벽돌(block_00)」 이미지를 [씬 뷰]에 놓
고 [인스펙터 창]에서 [Sprite Renderer] → [Draw
Mode]를 [Tiles]로 변경한 후, 당깁니다. 단차
가 있는 지면을 만듭시다. [인스펙터 창]의 [Add
Component]를 클릭한 후, [Physics 2D] → [Box
Collider 2D]도 적용합니다. 그리고 [인스펙터 창]의
[Box Collider 2D] → [Auto Tiling]을 체크합니다.

Figure : **9.2.4**

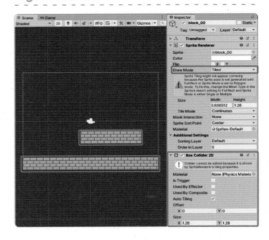

② 「여자 아이(player2R_0)」 이미지를 [씬 뷰]에 놓
고, [인스펙터 창]의 [Add Component]를 클릭한
후, [Physics 2D] → [Box Collider 2D], [Physics
2D] → [Rigidbody 2D] 두 가지를 적용합니다.

Figure : **9.2.5**

③ 「여자 아이」에 「키를 누르면 중력의 안에서 이동하거나 점프하는 스크립트 시험판(**OnKeyPress_TestMoveGrabity**)」을 적용합니다.

Figure : **9.2.6**

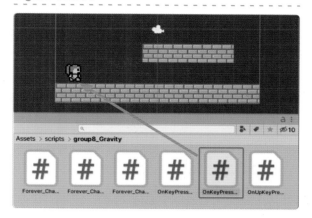

④ 「Play」 버튼을 눌러 봅시다. 「여자 아이」는 낙하해서 지면에 착지하고, 왼쪽, 오른쪽 키로 이동할 수 있습니다. 또한 스페이스 키를 누르면 점프합니다.

이로써 모든 문제가 해결된 것처럼 보이지만, 아직 남아있는 문제가 있습니다. 점프 중에 다시 스페이스 키를 눌러보면 무려 공중에서 또 점프할 수 있습니다. 스페이스를 누를 때마다 점프하므로 마지막에는 화면 위로 사라집니다.

Figure : **9.2.7**

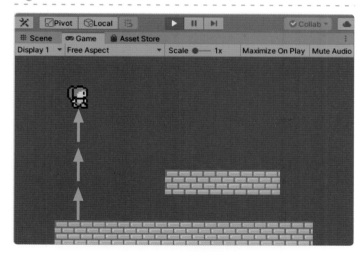

발이 무언가에 닿았을 때만 점프

무엇이 문제일까요?

다시 한번, 『점프를 한다』라는 건 무엇인지 생각해 봅시다. 점프를 한다는 건 「발로 지면을 차서」 위 방향으로 날아오르는 것입니다.

앞에서 만든 것은 「스페이스 키를 누르면 점프한다」라는 기능입니다. 그렇기에 발이 지면에 닿았는지 여부와 상관없이 「공중에 떠있을 때」라도 스페이스 키를 누르면 점프할 수 있는 것입니다.

Figure : **9.1.1**

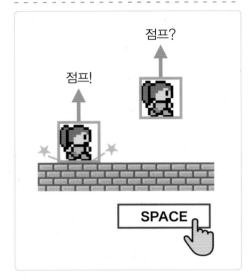

이것을 해결하려면 「발이 지면에 닿아 있을 때만」 점프하도록 수정하면 됩니다. 정확하게는 「지면」 외에도 「자동차의 위」나 「나무통의 위」 등에 발이 닿아있을 때도 점프할 수 있어야 합니다. 즉, 「발이 무언가에 닿아서 착지하고 있을 때만」 점프할 수 있게 해야 합니다.

「트리거」로 착지 확인

「발이 무언가에 닿고 있는지 여부」는 어떻게 조사하면 좋을까요?

그것은 [Box Collider 2D]를 사용해서 조사할 수 있습니다. [Box Collider 2D]는 하나의 게임 오브젝트에 여러 개 적용할 수 있습니다. 이제까지는 [Box Collider 2D]를 「몸 전체의 충돌 판정용」으로 적용했는데 「발 부분의 충돌 판정용」으로 추가 적용할 수 있습니다.

⑤ [씬 뷰]의 「여자 아이」를 선택하고, [인스펙터 창]의 [Add Component]를 클릭한 후, [Physics 2D] → [Box Collider 2D]를 적용합니다. [씬 뷰]를 보면 테두리가 겹쳐져 한 개만 보입니다.

Figure : **9.2.9**

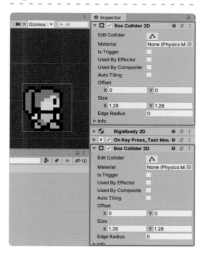

⑥ [인스펙터 창]에서 두 번째 [Box Collider 2D]의 테두리 위치와 크기를 변경합시다. [Edit Collider]를 체크하면 테두리 선을 드래그 앤 드롭해서 변경할 수 있습니다. 발 밑에서 조금 빠져나오는 정도의 크기로 합니다.

Figure : **9.2.10**

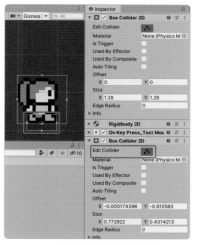

⑦ 다만 여기서 「발의 부분」은 「닿으면 튕긴다」가 목적이 아니므로 그저 발이 무언가에 「닿아 있는지 여부를 조사하기만」합니다. 그래서 **[Is Trigger]를 체크**합니다.

Figure : **9.2.11**

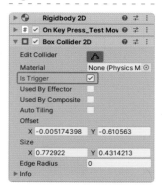

[Is Trigger]를 체크하면 「**무언가에 닿았을 때**」와 「**무언가에 닿지 않게 됐을 때**」를 조사할 수 있게 됩니다.

[서식] 무언가에 닿았을 때

```
void OnTriggerStay2D(Collider2D collision)
{
    // 할 것
}
```

[서식] 무언가에 닿지 않게 됐을 때

```
void OnTriggerExit2D(Collider2D collision)
{
    // 할 것
}
```

[Is Trigger]를 이용해서 「무언가에 닿아 있을 때만 점프」하도록 스크립트를 수정합시다.

먼저, 「발이 무언가에 닿아 있는지 여부」의 변수를 준비해 둡니다.

```
bool groundFlag = false; // 발이 무언가에 닿아 있는지 여부
```

발이 무언가에 닿으면 true, 닿지 않으면 false로 변화하게 합니다. 이렇게 하면 변수를 보는 것만으로 「지금 발에 무언가가 닿아 있는지」를 알 수 있게 됩니다.

```
void OnTriggerStay2D(Collider2D collision) // 발이 무언가에 닿으면
{
    groundFlag = true;
}
void OnTriggerExit2D(Collider2D collision) // 발에 아무 것도 닿지 않으면
{
    groundFlag = false;
}
```

「스페이스 키가 눌렸을 때」「지금 발에 무언가가 닿고 있을 때」에 점프하도록 변경합니다. (두 개의 조건을 모두 만족할 때만 실행시키려면 &&으로 연결해 나열합니다.)

```
if (Input.GetKey("space") && groundFlag)
{
    jumpFlag = true;
}
```

스크립트

OnKeyPress_TestMoveGravity에서 세 군데를 수정해 스크립트를 만듭니다. 클래스 이름(파일 이름)은 OnKeyPress_MoveGravity로 했습니다.

```csharp
using System.Collections;
using System.Collections.Generic;
using UnityEngine;

// 키를 누르면 중력 안에서 이동&점프한다
public class OnKeyPress_MoveGravity : MonoBehaviour
{

    public float speed = 3; // 속도 : Inspector에 지정
    public float jumppower = 8; // 점프력 : Inspector에 지정

    float vx = 0;
    bool leftFlag = false; // 왼쪽 방향인지
    bool pushFlag = false; // 스페이스 키가 눌린 상태인지
    bool jumpFlag = false; // 점프 상태인지
    bool groundFlag = false; // 발이 무언가에 닿았는지
    Rigidbody2D rbody;

    void Start () // 처음에 시행한다
    {
        // 충돌 시에 회전시키지 않는다
```

```
    rbody = GetComponent<Rigidbody2D>();
    rbody.constraints = RigidbodyConstraints2D.FreezeRotation;
}

void Update() // 계속 시행한다
{
    vx = 0;
    if (Input.GetKey("right")) // 만약 오른쪽 키가 눌리면
    {
        vx = speed; // 오른쪽으로 진행하는 이동량을 넣는다
        leftFlag = false;
    }
    if (Input.GetKey("left")) // 만약 왼쪽 키가 눌리면
    {
        vx = -speed; // 왼쪽으로 진행하는 이동량을 넣는다
        leftFlag = true;
    }
    // 만약 스페이스 키가 눌렸을 때 발이 무언가에 닿았다면
    if (Input.GetKey("space") && groundFlag)
    {
        if (pushFlag == false) // 계속 누르고 나가지 않으면
        {
            jumpFlag = true; // 점프 준비
            pushFlag = true; // 계속 누른 상태
        }
    } else
    {
        pushFlag = false; // 계속 누른 상태 해제
    }
}
void FixedUpdate() // 계속 시행한다(일정 시간마다)
{
    // 이동한다(중력을 건 채)
    rbody.velocity = new Vector2(vx, rbody.velocity.y);
    // 왼쪽 오른쪽으로 방향을 바꾼다
    this.GetComponent<SpriteRenderer>().flipX = leftFlag;
    // 만약 점프할 때
    if (jumpFlag)
    {
        jumpFlag = false;
        rbody.AddForce(new Vector2(0, jumppower), ForceMode2D.Impulse);
```

```
        }
    }
    void OnTriggerStay2D(Collider2D collision) // 발이 무언가에 닿으면
    {
        groundFlag = true;
    }
    void OnTriggerExit2D(Collider2D collision) // 발에 아무 것도 닿지 않으면
    {
        groundFlag = false;
    }
}
```

만들기

그럼 새로운 스크립트를 넣어 시험해 봅시다.

❽ 스크립트를 넣을 때는 먼저 이전의 스크립트를 삭제해야 합니다. 「여자 아이」를 선택하고, [인스펙터 창]의 [On Key Press_Test Move Gravity(Script)]에서 오른쪽 위의 점 세 개 버튼을 누르고 「Remove Component」를 선택해 삭제합니다.

Figure : **9.2.12**

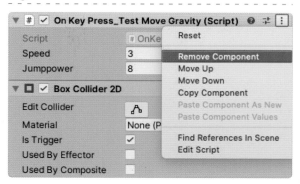

❾ 「여자 아이」에 「키를 누르면 중력 안에서 이동하거나 점프하는 스크립트(**OnKeyPress_MoveGravity**)」를 적용합니다.

Figure : **9.2.13**

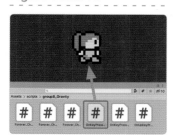

255

⑩ 「Play」 버튼을 눌러 봅시다. 이로써 스페이스 키를 누르면 점프하되, 「여자 아이」 발이 무언가에 닿아 있을 때만 점프하도록 만들어졌습니다.

Figure : **9.2.14**

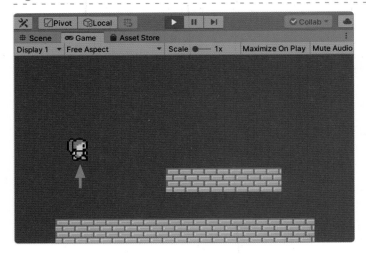

키를 누르면 물체를
꺼내서 던진다

언제, 무엇을 할 것인가?

AddForce를 사용해 재미있는 구조를 하나 만들어 봅시다. 「**물체를 던지는 구조**」입니다.

앞에서 자기 자신에게 순간 힘을 가하면 「**점프시키는 구조**」를 완성했습니다. 이것을 자기자신이 아닌 눈앞에 물체에 힘을 가하는 것으로 바꾸면 「**물체를 던진다**」가 됩니다. 프리팹을 사용하면 「눈앞에 물체를 등장시킨다」를 할 수 있습니다. 프리팹과 AddForce를 조합해서 **물체를 꺼내서 던지는 구조**를 만들어 봅시다.

위 방향 키를 누르면 물체를 꺼내서 던진다

이전의 스크립트에서 위, 아래 키로 이동하는 처리를 삭제했습니다. 그것으로 「위 키를 누르면 프리팹을 등장시켜서 위를 향해서 던진다」라는 스크립트를 만들어 봅시다.

바로 위에 던져도 그대로 자신에게 떨어지므로 캐릭터가 오른쪽 방향이면 오른쪽으로, 왼쪽 방향이면 왼쪽으로 던지도록 해봅시다. 왼쪽, 오른쪽의 키 입력을 조사해서 지금 오른쪽 방향인지 왼쪽 방향인지를 기억해 두도록 합니다. 또한, 프리팹을 자기 자신의 위치에 등장시키면 겹쳐져 충돌하게 되니 프리팹은 머리 위에 등장시켜서 머리 위에서 던지도록 합니다.

스크립트

「위 키를 누르면」 「프리팹을 던진다」이므로 클래스 이름(파일 이름)은 **OnUpKeyPress_Throw**로 했습니다.

OnUpKeyPress_Throw.cs

```csharp
using System.Collections;
using System.Collections.Generic;
using UnityEngine;

// 위 키를 누르면 프리팹을 만들어 던진다
public class OnUpKeyPress_Throw : MonoBehaviour
{

    public GameObject newPrefab; // 만드는 프리팹 : Inspector에 지정
    public int maxCount = 20; // 빈도 : Inspector에 지정

    public float throwX = 4; // 던지는 힘 : Inspector에 지정
    public float throwY = 8; // 던지는 힘 : Inspector에 지정
    public float offsetY = 1;

    bool pushFlag = false;
    bool leftFlag = false;

    void Update()
    {
      if (Input.GetKey("right")) // 만약 오른쪽 키가 눌리면
      {
        leftFlag = false;
      }
      if (Input.GetKey("left")) // 만약 왼쪽 키가 눌리면
      {
        leftFlag = true;
      }
      if (Input.GetKey("up")) // 만약 위 키가 눌리면
      {
        if (pushFlag == false) // 누르고 있지 않으면
        {
          pushFlag = true;
```

```csharp
        Vector3 area = this.GetComponent<SpriteRenderer>().bounds.size;
        Vector3 newPos = this.transform.position;
        newPos.y += offsetY;
        // 프리팹을 만든다
        GameObject newGameObject = Instantiate(newPrefab) as
GameObject;
        newPos.z = -5; // 앞에 표시한다
        newGameObject.transform.position = newPos;

        Rigidbody2D rbody = newGameObject.
GetComponent<Rigidbody2D>();
        if (leftFlag) // 왼쪽 방향이면 반대 방향으로 던진다
        {
            rbody.AddForce(new Vector2(-throwX, throwY), ForceMode2D.
Impulse);
        }
        else // 오른쪽 방향이면 오른쪽 방향으로 던진다
        {
            rbody.AddForce(new Vector2(throwX, throwY), ForceMode2D.
Impulse);
        }
      }
    }
    else
    {
      pushFlag = false;
    }
  }
}
```

만들기

⓫ 던지는 프리팹을 만듭시다.

「복숭아(item_05)」 이미지를 [씬 뷰]에 두고, [인스펙터 창]의 [Add Component]를 클릭한 후, [Physics 2D] → [Circle Collider 2D], [Rigidbody 2D] 두 가지를 적용합니다 (던진 다음 굴러가는 것이 더 재미있으므로 Box Collider 2D가 아닌 Circle Collider 2D를 적용했습니다).

Figure : **9.3.1**

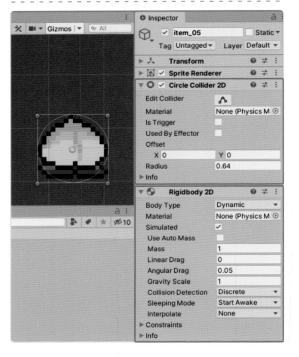

⓬ 완성한 게임 오브젝트를 [하이어라키 창]에서 [프로젝트 창]으로 드래그 앤 드롭합니다.

Figure : **9.3.2**

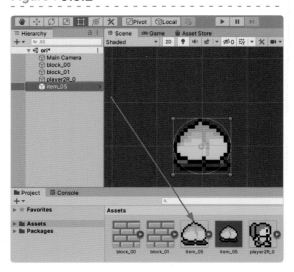

⓭ 프리팹을 만들었으므로 원본이 되는 「복숭아」 게임 오브젝
트는 이제 필요하지 않습니다. 메뉴의 [Edit] → [Delete]로
삭제합니다.

Figure : **9.3.3**

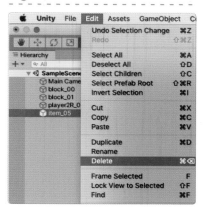

⓮ 「여자 아이」에 「위 키를 누르면 물체를 꺼내서 던지는 스크립트(**OnUpKeyPress_Throw**)」를 적용하
고, [인스펙터 창]에서 [On Up Key Press_Throw(Script)]의 [New Prefab]에 「복숭아 프리팹」을 드래
그 앤 드롭으로 설정합니다.

Figure : **9.3.4**

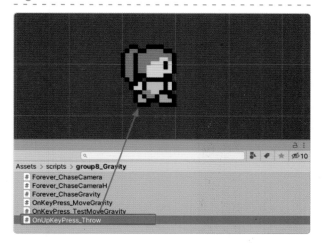

Figure : **9.3.5**

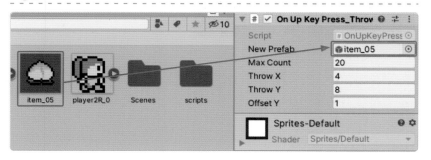

드래그가 어려울 때는 다른 방법으로 설정할 수도 있습니다. [New Prefab]의 오른쪽 [◎] 버튼을 클릭하면 선택 대화상자가 나타납니다. [Assets] 탭을 선택하면 표시되는 「복숭아 프리팹」을 더블 클릭해서 설정할 수 있습니다.

Figure : **9.3.6**

❺ 「Play」 버튼을 눌러 봅시다. 이로써 위 키를 누르면 「여자 아이」가 「복숭아」를 던지게 됩니다.

Figure : **9.3.7**

완성!

넓은 맵을 만든다

표시되는 것은 카메라가 비추는 범위만큼

여러 가지를 완성하게 되면 스테이지가 점점 좁게 느껴집니다. 가로, 세로로 스크롤해 보고 싶네요.

가로, 세로로 스크롤하려면 화면에 보이는 부분의 바깥쪽에도 스테이지를 만들어 두어야 합니다.

Unity에서는 게임할 때 [씬 뷰]의 하얀 테두리 안쪽의 영역만큼만 보입니다. 흰 테두리가 「Main Camera」가 보고 있는 범위」이므로 이 내부만큼이 표시되는 것입니다. 그렇지만 이 흰 테두리 밖에도 넓은 스테이지를 만들어 갈 수 있습니다.

Figure : **9.4.1**

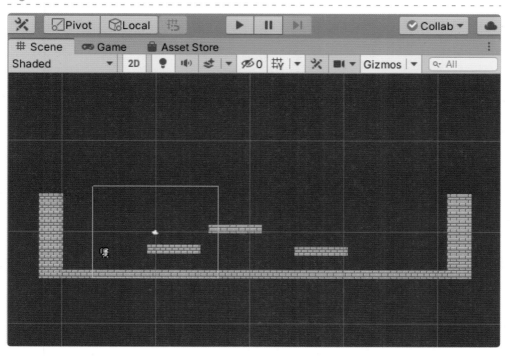

플레이어의 움직임에 맞춰서 카메라를 움직인다

넓은 스테이지를 만들어도 플레이어
가 흰 테두리 밖으로 이동하면 보이
지 않게 됩니다.

Figure : **9.4.2**

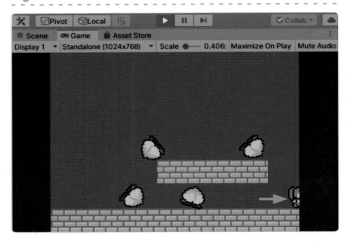

계속 카메라가 쫓아간다

「보이는 부분」을 플레이어의 움직임에 맞춰 이동시켜 봅시다. 보이는 부분을 결정하고 있는 것은 **Main Camera**입니다.

Main Camera가 플레이어와 함께 이동하게 하려면 「계속」 「플레이어와 함께 이동한다」와 같이 하면 됩니다. 그러면 자연스레 스테이지를 가로, 세로로 스크롤하는 게임이 됩니다.

「Main Camera가 계속 정면에서 뒤쫓아 간다」라는 스크립트를 만들어 플레이어의 게임 오브젝트에 적용시킵시다.

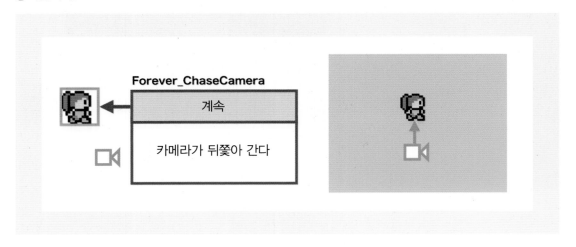

「계속 Main Camera가 플레이어와 함께 이동한다」이므로 Main Camera의 위치를 게임 오브젝트의 위치로 계속해서 설정합니다. 다만, 그러면 촬영을 할 수 없기 때문에 Main Camera의 위치 z좌표를 **-10**으로 설정해서 조금 앞에서 촬영합니다.

Main Camera에는 「Camera.main.gameObject」로 액세스합니다.

그리고 또 하나, 「보이는 범위를 정하는 카메라가 이동한다」는 **씬상의 모든 게임 오브젝트가 이동을 끝낸 후** 시행해야 합니다. 그렇게 하지 않으면 카메라가 이동한 후에 게임 오브젝트가 뒤늦게 움직이고, 그에 따라 화면이 흔들릴 수 있기 때문입니다. 이러한 화면 떨림을 방지하기 위해 「계속」에는 **FixedUpdate** 대신 **LateUpdate**(모든 게임 오브젝트의 이동이 끝난 후에 행한다.)를 사용합니다.

```csharp
void LateUpdate()
{
    Vector3 pos = this.transform.position; // 자신의 위치
    pos.z = -10; // 카메라이므로 앞으로 이동시킨다
    Camera.main.gameObject.transform.position = pos;
}
```

스크립트

클래스 이름(파일 이름)은 「계속」 「카메라가 이 게임 오브젝트를 뒤쫓아 간다」이므로 **Forever_ChaseCamera**로 했습니다.

```csharp
using System.Collections;
using System.Collections.Generic;
using UnityEngine;

// 계속 카메라가 뒤쫓아 간다
public class Forever_ChaseCamera : MonoBehaviour
{

    void LateUpdate() // 계속 시행한다(여러 가지 처리의 마지막에)
    {
        Vector3 pos = this.transform.position; // 자신의 위치
```

```
      pos.z = -10; // 카메라이므로 앞으로 이동시킨다
      Camera.main.gameObject.transform.position = pos;
   }
}
```

만든다

⑯ 「마우스 휠의 회전」을 사용해
씬을 줌 인·줌 아웃하면서 넓
은 스테이지를 만듭시다. 지면
의 「벽돌」을 당기거나 단차의
「벽돌」을 당기거나 증가합시다.

Figure : **9.4.3**

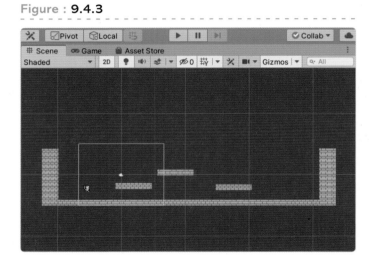

⑰ 「여자 아이」에게 「계속 카메
라가 뒤쫓아 가는 스크립트
(**Forever_ChaseCamera**)」를 적
용합니다.

Figure : **9.4.4**

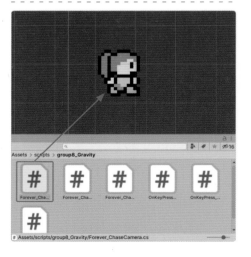

⑱ 「Play」 버튼을 눌러 봅시다. 오른쪽으로
이동하거나 점프하면 화면이 스크롤하
게 되었습니다.

Figure : **9.4.5**

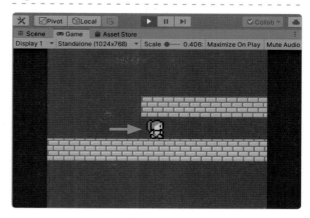

이대로도 문제는 없지만 점프를 하면 화면이 위아래로 이동합니다. 또한, 플레이어가 항상 화면의 중심
에 표시되기 때문에 하늘이 좁아지게 됩니다.
위로 올라가는 게임이면 이대로 괜찮지만 가로로 스크롤하는 것뿐인 게임이라면 화면이 위아래로 이
동하지 않게 해야 합니다.
카메라가 위아래로 이동하지 않도록 Start에서 카메라의 원래 위치를 기억해 두고 LateUpdate에서 지
정할 때 카메라의 원래 높이를 사용합시다.

```
void LateUpdate()
{
   Vector3 pos = this.transform.position; // 자신의 위치
   pos.z = -10; // 카메라이므로 앞쪽에 이동시킨다
   pos.y = base_pos.y; // 카메라의 원래 높이를 사용한다
   Camera.main.gameObject.transform.position = pos;
}
```

스크립트

「계속」「수평으로 카메라가 이 게임 오브젝트를 뒤쫓아 간다」이므로 클래스 이름(파일 이름)은 **Forever_ChaseCameraH**로 했습니다.

Forever_ChaseCameraH.cs

```csharp
using System.Collections;
using System.Collections.Generic;
using UnityEngine;

// 계속 카메라가 뒤쫓아 간다(수평으로)
public class Forever_ChaseCameraH : MonoBehaviour
{

    Vector3 base_pos;

    void Start() // 처음에 시행한다
    {
        // 카메라의 원래 위치를 기억해 둔다
        base_pos = Camera.main.gameObject.transform.position;
    }

    void LateUpdate() // 계속 시행한다(여러 가지 처리의 마지막에)
    {
        Vector3 pos = this.transform.position; // 자신의 위치
        pos.z = -10; // 카메라이므로 앞으로 이동시킨다
        pos.y = base_pos.y; // 카메라 원래의 높이를 사용한다
        Camera.main.gameObject.transform.position = pos;
    }
}
```

만들기

⑲ 「여자 아이」를 선택하고, [인스펙터 창]의 [Forever_Chase Camera(Script)]의 오른쪽의 점 3개가 나열된 버튼을 눌러 「Remove Component」를 선택해 삭제합니다.

Figure : **9.4.6**

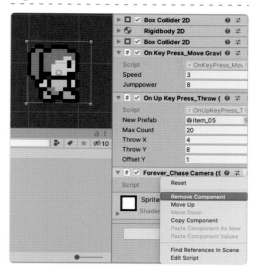

⑳ 「여자 아이」에게 「계속 수평으로 카메라가 뒤쫓아 가는 스크립트(**Forever_ChaseCameraH**)」를 적용합니다.

Figure : **9.4.7**

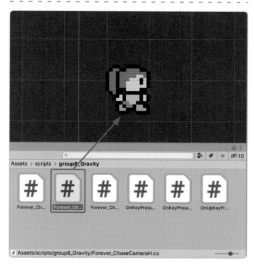

269

21 「Play」 버튼을 눌러 봅시다. 왼쪽 오른쪽으로 스크롤하는데 점프해도 위 아래로 이동하지 않게 되었습니다. 또한, 표시되는 스테이지의 높이가 만들었을 때와 마찬가지로 지면이 화면의 아래로, 하늘이 넓어졌습니다.

Figure : **9.4.8**

완성!

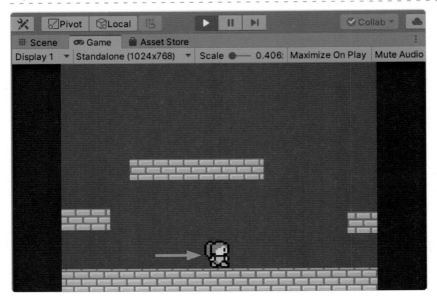

붙지 않는 벽을 만든다

이 게임에서는 점프하고 벽을 향해서 계속 누르면 붙어서 떨어지지 않게 됩니다.

이것은 벽에 마찰력이 있기 때문입니다. 벽을 향해서 계속 누르고 있기 때문에 낙하하지 않는 겁니다. 그러니 벽을 매끄럽게 해봅시다.

메뉴의 [Assets] → [Create]→[Physics Material 2D]를 선택해 [Physics Material 2D]를 만들고, [인스펙터 창]에서 [Friction]을 「0」으로 합니다.

Figure : **9.4.9**

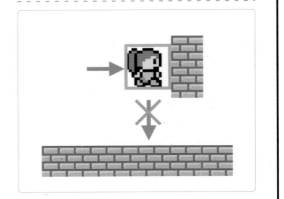

이것을 벽에 드래그 앤 드롭합시다. 그러면 벽이 매끈매끈해지므로 벽을 향해서 눌러도 낙하하게 됩니다.

Figure : **9.4.11**

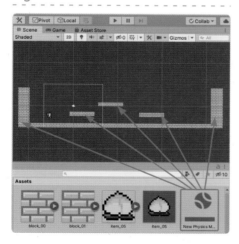

빠져나가는 바닥을 만든다

게임을 리얼하게 만들수록 좋은 것은 아닙니다. 게임이 현실에서는 불가능한 움직임을 구현하기에 더 재미있는 경우도 종종 있습니다. 예를 들어, 게임에서 몇 층을 올라가야 하는 상황인데 「물체에 반드시 충돌한다」라는 제약이 있으면 점프할 때마다 위층에 머리가 부딪혀 올라가기가 더딥니다. 이럴 때 바닥을 「위로는 빠져나가도 아래로는 떨어지지 않는 바닥」으로 설정해두면 스트레스 없이 점프하며 게임을 진행할 수 있습니다.

Figure : **9.4.12**

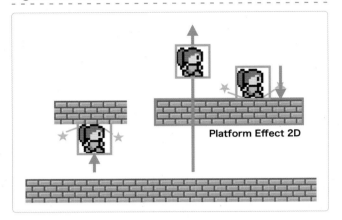

Platform Effect 2D

이것을 실현하기 위해 [Platform Effect 2D]를 사용합니다. 바닥에 해당하는 게임 오브젝트를 선택하고, [인스펙터 창]의 [Add Component] 버튼을 클릭한 후, [Physics 2D] → [Platform Effect 2D]를 적용합니다.

Figure : **9.4.13**

그리고 [인스펙터 창]의 [Box Collider 2D]에 [Used By Effect]를 체크해서 이 이펙트를 유효로 합니다. 이로써 「위로 빠져나가는 바닥」을 만들 수 있습니다.

Figure : **9.4.14**

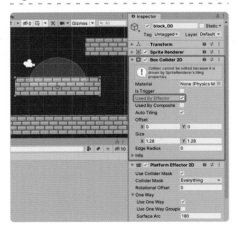

Chapter 10

UI 텍스트로 카운터

UI란?

UI란 사용자 인터페이스

이 챕터에서는 「점수를 표시하는 장치」를 만듭니다.

이제까지는 「한 장의 이미지」나 「여러 개의 이미지」를 게임 오브젝트로 사용했지만 점수처럼 값이 항상 변화하는 경우는 이와 다른 방법이 필요합니다.

그것을 구현하기 위한 한 가지 방법은 「0~9까지의 숫자 이미지를 준비해서 표시할 값에 따라 표시를 전환하는 방법」입니다. 숫자를 실제 그래픽으로 만들 수 있는 것이 좋은 점이지만, 전환하는 구조를 스스로 만들어야 하기 때문에 난이도가 다소 높아집니다.

또 다른 방법으로는 「UI 텍스트를 사용하는 방법」이 있습니다. UI란 **사용자 인터페이스**입니다. Unity에서는 게임 화면 위에 사용자 인터페이스용의 Canvas라는 화면을 겹쳐서 표시할 수 있습니다. Canvas에는 「버튼」 「토글 스위치」 「슬라이더」 등의 UI 요소를 표시시킬 수 있는데 「UI 텍스트」도 그중 하나입니다. 문자열을 표시하거나 나중에 변경시킬 수 있습니다. 이것을 사용해 점수를 표시합니다.

Canvas는 카메라를 이동하고 게임 화면을 스크롤시켜도 표시 위치가 바뀌지 않습니다. 계속 같은 위치에 표시되므로 점수, 라이프 게이지, 남은 시간 등을 나타내는 데 사용하기 좋습니다.

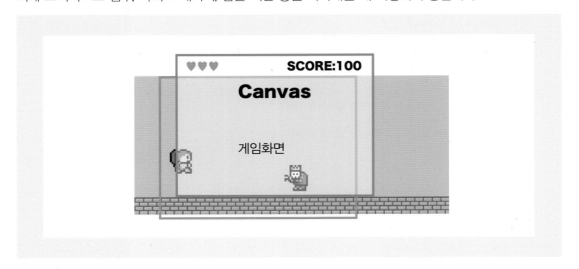

이 챕터에서는 「카운터를 사용해 점수를 표시시키는 스크립트」를 몇 가지 만듭니다.

Figure : **10.1.1**

Figure : **10.1.2**

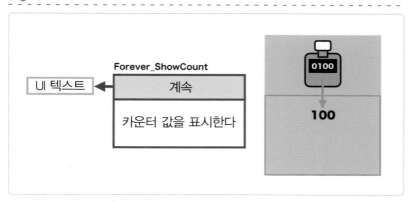

Figure : **10.1.3**

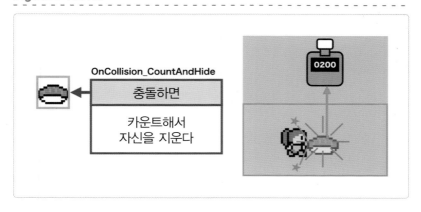

Figure : **10.1.4**

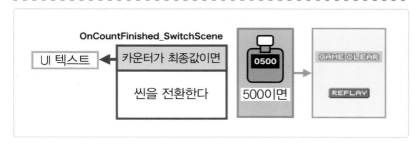

UI 텍스트 만드는 방법

UI 텍스트에 문자열을 표시

먼저 UI 만드는 방법부터 살펴봅시다.

UI 텍스트를 만들려면 메뉴의 [GameObject]→[UI]→[Text]를 선택합니다. 그러면 Canvas도 동시에 만들어지고, Text는 그 아래에 조금 오른쪽으로 비켜서 만들어집니다. 이것은 「Canvas의 안에 Text가 들어있다」는 걸 나타냅니다.

(Canvas가 추가되는 것은 처음뿐이고, 두 개째부터는 이미 Canvas가 있으므로 거기에 추가됩니다)

Figure : **10.2.1**

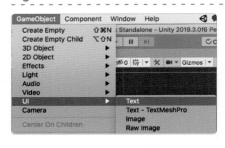
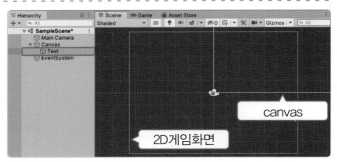

그러나 씬 뷰를 봐도 UI 텍스트는 찾을 수 없습니다. 사실은 「2D 게임의 화면」과 「Canvas」는 크기가 전혀 다릅니다. 씬 뷰 중앙을 보면 위와 오른쪽에 선이 늘어나 있는데 사실은 이것이 Canvas의 왼쪽 하단 부분입니다.

마우스 휠을 회전시켜 게임 화면이 보이지 않을 때까지 줌 아웃해 나가면 Canvas 전체가 보입니다. 이 정도 크기가 다른 것입니다.

Figure : **10.2.2**

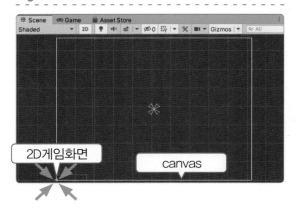

크기가 다르므로 두 개의 화면을 전환하는 것은 조금 힘듭니다. 이럴 때는 **[하이어라키 창]에서 이름을 더블 클릭**해서 전환합시다. 더블 클릭하면 그 게임 오브젝트가 씬 뷰의 중앙에 표시됩니다. [Main Camera]를 더블 클릭하면 카메라에서 보이는 범위, 즉, 흰 테두리가 중앙에 표시됩니다.

Figure : **10.2.3**

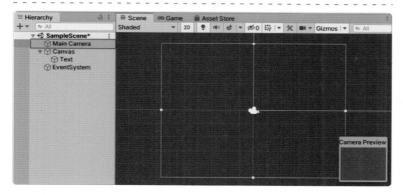

[Canvas]를 더블 클릭하면 Canvas가 중앙에 표시됩니다. 조금 작게 표시되므로 마우스 휠을 조금 회전해서 줌합시다.

Figure : **10.2.4**

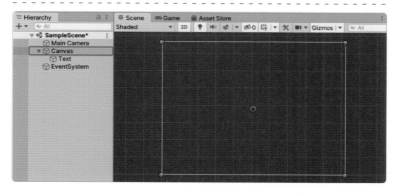

위치, 범위를 변경한다

[하이어라키 창]의 [Text]를 선택하면 UI 텍스트가 작게 표시되는 걸 알 수 있습니다.

Figure : **10.2.5**

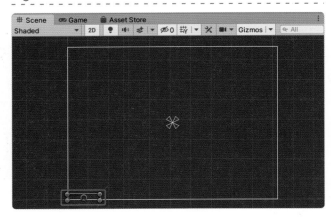

[렉트 툴]을 사용하면 「위치」 「크기」를 변경할 수 있습니다.

중앙을 드래그하면 「위치」가 바뀌고, 범위의 파란색 원을 드래그하면 크기가 바뀝니다. 또한, 배치할 때의 가이드라인도 표시됩니다.

Figure : **10.2.6**

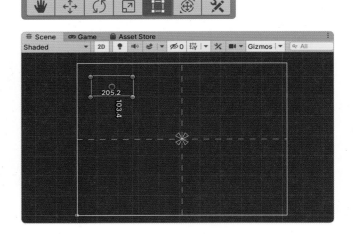

모서리의 파란색 원을 드래그해서 잡아 늘여도 문자는 커지지 않는데, 이것은 「문자의 표시 영역」을 크게 하고 있을 뿐이기 때문입니다.

UI 텍스트에는 **표시 영역에서 문자가 조금이라도 벗어나면 그 문자를 표시하지 않는다는** 성질이 있어, 만약 문자 크기가 표시 영역보다 크면 문자가 감춰져 보이지 않게 됩니다. 그러니 「표시시키는 표시 영역」을 미리 크게 해둡시다.

문자열, 문자 크기, 문자색을 조정한다

UI 텍스트에 표시하는 내용은 [인스펙터 창]에서 변경합니다.

「문자열」은 [인스펙터 창]의 [Text]→[Text]에서 변경합니다.

「문자 크기」는 [인스펙터 창]의 [Text]→[Character]→[Font Size]에서 변경하고, 「문자색」은 [인스펙터 창]의 [Text]→[Color]에서 변경합니다. 클릭하면 컬러 대화상자가 표시되므로 색을 변경합니다.

Figure : **10.2.7**

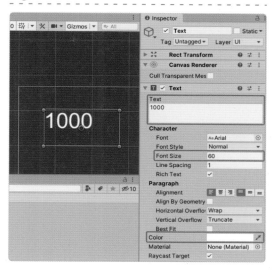

이 상태에서 「Play」 버튼을 눌러 봅시다. 문자열, 위치, 크기, 색이 변경되는 걸 알 수 있습니다.

Figure : **10.2.8**

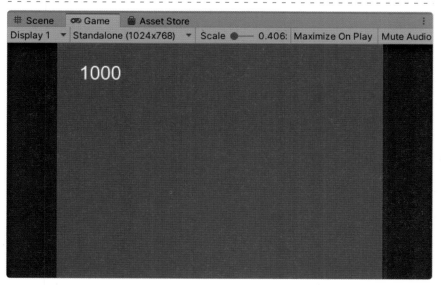

카운터를 만든다

카운터의 구조

문자열을 표시할 수 있게 됐으니 이제 점수를 표시하는 구조를 만들어 봅시다.

게임의 점수란 간단하게 말해서 게임 중에 무언가가 발생하면 증가하는 것입니다. 떠올리기 쉽도록 카운터(수를 세는 도구)라고 생각합시다.

게임 화면에 보이지 않는 부분에 카운터를 놓습니다. 무언가가 발생했을 때, 이 카운터를 누르면 카운트해 나갑니다. 이 카운터의 값을 계속 UI 텍스트에 표시하게 하면 점수 표시가 되는 것입니다. 또한 이 카운터 값을 계속 감독하면 「만약 500점이 되면 게임 클리어」 구조도 만들 수 있습니다.

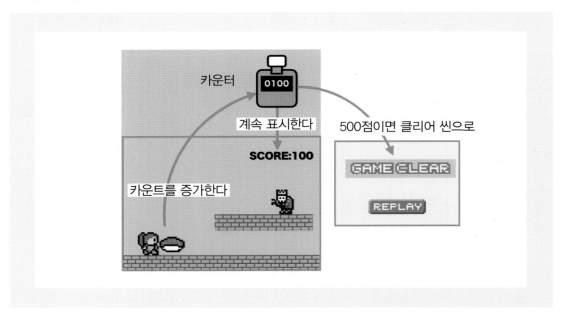

「카운터 본체」「계속 카운터 값을 표시한다」「무언가가 발생하면 카운트한다」「카운터가 00이 되면 씬을 전환한다」라는 네 종류의 스크립트를 만듭시다.

카운터 본체

먼저 「카운터 본체」를 만듭시다.

Figure : 10.3.1

이제까지의 변수는 각 게임 오브젝트가 각각 개인이 갖고 있는 변수이므로 외부에서 액세스하기 어려웠는데 이젠 **외부에서도 바로 액세스할 수 있게** 합시다.

또한 씬을 전환했을 때 게임 오브젝트가 사라지면 변수 값도 사라집니다. 게임 중인 씬에서 발생한 점수를 게임 오버 씬으로 인계해서 표시하도록 **씬이 전환되도 값이 계속 남게**합시다. 두 기능을 모두 실현하려면 **public static 변수**를 사용합니다.

[서식] 씬을 전환해도 값이 남는 변수

```
public static <변수의 형><변수 이름>;
```

이 변수는 특별한 변수이므로 〈클래스 이름〉〈변수 이름〉으로 지정함으로써 외부에서도 액세스할 수 있습니다. 다른 게임 오브젝트로부터나 다른 씬에 있는 오브젝트로부터도 값을 보거나 변경할 수 있습니다.

[서식] public static 변수에 액세스한다

```
<클래스 이름>.<변수 이름>
```

이것을 사용해 「수를 보존하는 카운터 본체」를 만듭시다. 만드는 방법은 간단합니다. 클래스를 만들고 이 변수를 만들면 됩니다. 다만 한 가지 주의할 점이 있는데, 카운트 값이 계속 남기 때문에 이대로 두면 리플레이할 때 누적된 값으로 시작하게 된다는 것입니다. 이를 방지하기 위해서는 Start할 때 값을 리셋하는 구조를 추가해야 합니다.

스크립트

「**카운터 본체**」 스크립트를 만듭니다. 클래스 이름(파일 이름)은 **GameCounter**로 하고, 「카운터의 수」는 「value」라는 변수에 넣습니다.

GameCounter.cs

```
using System.Collections;
using System.Collections.Generic;
using UnityEngine;

// 카운터 본체
public class GameCounter : MonoBehaviour
{

    public static int value; // 공유하는 카운터의 값

    public int startCount = 0; // 카운터 초깃값 : Inspector에 지정

    void Start() // 처음에 시행한다
    {
        value = startCount; // 카운터를 리셋
    }
}
```

계속 카운터 값을 표시한다

다음은 **계속 카운터 값을 표시하는 스크립트**를 만들어 봅시다.

Figure : 10.3.2 계속 카운터 값을 표시한다

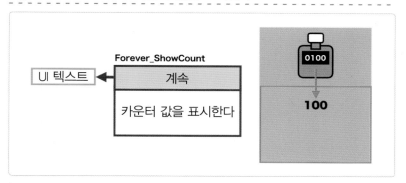

이 스크립트를 UI 텍스트에 적용함으로써 카운터 값을 계속 표시할 수 있습니다.

스크립트에서 UI 텍스트를 다룰 때에는 「**using UnityEngine.UI;**」를 미리 입력해 놓아야 합니다. 문자열을 변경하려면 다음과 같이 명령합니다.

[서식] UI 텍스트의 문자열을 변경한다

using UnityEngine.UI;

GetComponent<Text>( ).text = <문자열>

그러나 카운터 본체에 저장하고 있는 값은 「수치」입니다. 「수치」를 「문자열」로 변환해야 합니다. 그때는 다음과 같이 명령합니다.

[서식] 변수에 넣은 수치를 문자열로 변환한다

<변수 이름>.ToString( )

이것을 Update 안에 기술해서 계속 표시함으로써 게임 중 어떤 게임 오브젝트가 카운터 값을 바꿔도 바로 그 값을 표시할 수 있게 됩니다.

스크립트

UI 텍스트에 「계속」 「카운터 값을 표시한다」이므로 클래스 이름(파일 이름)은 **Forever_ShowCount**로 했습니다.

Forever_ShowCount.cs

```
using System.Collections;
using System.Collections.Generic;
using UnityEngine;
using UnityEngine.UI;

// 계속 카운터 값을 표시한다
public class Forever_ShowCount : MonoBehaviour
{

  void Update() // 계속
  {
    // 카운터 값을 표시한다
    GetComponent<Text>().text = GameCounter.value.ToString();
  }
}
```

무언가가 발생하면
카운트한다

충돌하면 카운트하고 자기 자신을 지운다

그럼 「무언가가 발생하면 카운트하는 스크립트」를 만듭시다.

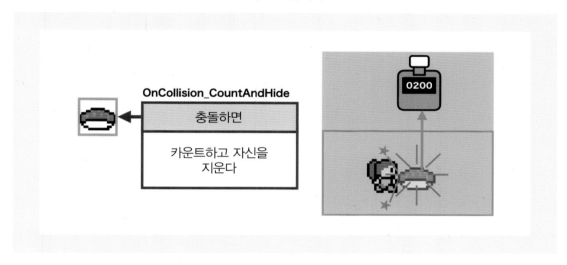

게임 중에 카운트할 때는 「아이템을 획득했을 때」와 「미사일이 닿았을 때」 등인데, 일반적으로 게임에서는 이렇게 충돌한 아이템이나 미사일을 화면에서 사라지게 합니다.

그래서 **「충돌하면 카운트하고 자기 자신을 지우는 스크립트」**를 만들어 봅시다.

「충돌하면 뭔가를 한다」라는 것은 챕터4에서 사용한 **OnCollisionEnter2D** 메서드로 만들 수 있습니다. 충돌하는 것의 이름을 정해 두고 「만약 충돌한 것의 이름이 목표 오브젝트라면 ○○을 한다」처럼 합니다. 카운터의 값을 증가하려면 다음과 같이 명령합니다.

> **[서식]** 카운터 값을 증가한다
>
> ```
> GameCounter.value = GameCounter.value + <증가하는 값>;
> ```

「〈증가하는 값〉」을 10으로 하면 10씩 증가하고, −1로 하면 1씩 줄어들게도 할 수 있습니다. 이 값을 [인스펙터 창]에서 지정할 수 있도록 「public 변수」로 해둡니다.

그 다음 자기 자신을 지웁니다. 챕터5의 「마우스로 터치하면 지우는 스크립트(**OnMouseDown_Hide**)」에서 사용한 명령 「**this.gameObject.SetActive(false);**」으로 자기 자신을 지울 수 있습니다.

스크립트

「충돌하면」 「카운트하고 자기자신을 지운다」이므로 클래스 이름(파일 이름)은 **OnCollision_CountAndHide**로 했습니다.

```
using System.Collections;
using System.Collections.Generic;
using UnityEngine;

// 충돌하면 카운터를 증가하고 자신을 지운다
public class OnCollision_CountAndHide : MonoBehaviour
{

    public string targetObjectName; // 목표 오브젝트 이름 : Inspector에 지정
    public int addValue = 1; // 증가량 : Inspector에 지정

    void OnCollisionEnter2D(Collision2D collision) // 충돌했을 때
    {
        // 만약 충돌한 것의 이름이 목표 오브젝트면
        if (collision.gameObject.name == targetObjectName)
        {
            // 카운터 값을 증가한다
            GameCounter.value = GameCounter.value + addValue;
            // 자기자신을 지운다
            this.gameObject.SetActive(false);
        }
    }
}
```

만들기

이러한 스크립트를 사용해서 충돌하면 점수가 증가하는 구조를 만들 수 있습니다. 「초밥을 먹으면 점수가 증가하는 무비」를 만들어 봅시다.

1 먼저 [프로젝트 창]에 스크립트를 준비합니다.

「카운터 본체(**GameCounter**)」 「계속 카운터의 값을 표시한다(**Forever_ShowCount**)」 「충돌하면 카운트하고 자기자신을 지운다(**OnCollision_CountAndHide**)」, 챕터9의 「키를 누르면 이동&점프한다(**OnKeyPress_MoveGravity**)」를 준비합니다.

2 몇 개의 「벽돌(block_00)」 이미지를 [씬 뷰]에 놓고, [인스펙터 창]에서 [Sprite Renderer] → [Draw Mode]를 「Tiles」로 변경하고 나서 당깁니다. [인스펙터 창]의 [Add Component]를 클릭한 후, [Physics 2D] → [Box Collider 2D]도 적용합니다. 그리고 [인스펙터 창]의 [Box Collider 2D] → [Auto Tiling]을 체크합니다.

Figure : **10.4.1**

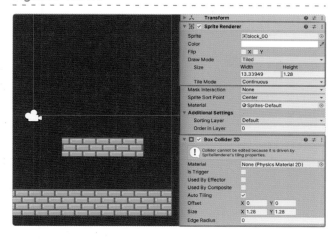

3 「오른쪽 방향의 여자 아이(player2R_0)」 이미지를 [씬 뷰]에 놓고, [인스펙터 창]의 [Add Component]를 클릭한 후, [Physics 2D] → [Box Collider 2D], [Physics 2D] → [Rigidbody 2D] 두 가지를 적용합니다. (※여기서는 한 장의 이미지로 게임 오브젝트를 만들고 있는데 챕터6처럼 여러 장의 이미지로 게임 오브젝트를 만들면 애니메이션을 하면서 움직이는 캐릭터를 만들 수 있습니다).

Figure : **10.4.2**

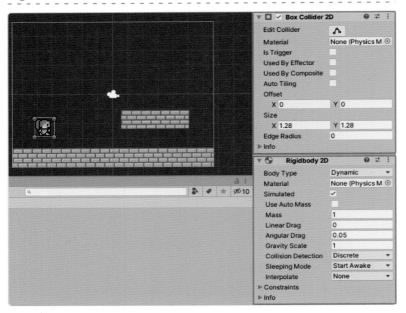

4 여기에 [Physics 2D] → [Box Collider 2D]를 하나 더 적용해서 발의 충돌 판정을 추가합니다. [Edit Collider]를 체크하고, 테두리 선을 발 밑에 조금 삐져나올 정도의 크기로 변경합니다.
[Is Trigger]를 체크합니다.

Figure : **10.4.3**

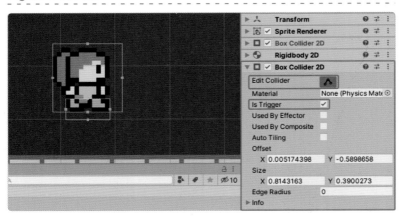

⑤ [씬 뷰]의 「여자 아이」에 「키를 누르면 이동&점프한다(**OnKeyPress_MoveGravity**)」를 적용합니다. 이로써 「지면상에서 이동&점프하는 여자 아이」가 완성됐습니다.

Figure : **10.4.4**

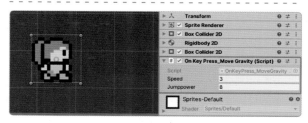

⑥ 「초밥(item_08)」 이미지를 [씬 뷰]에 놓고, [인스펙터 창]의 [Add Component]를 클릭한 후, [Physics 2D] → [Box Collider 2D]를 적용합니다.

Figure : **10.4.5**

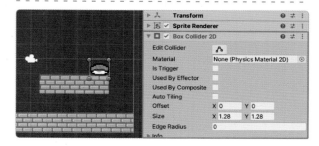

⑦ 「초밥」에 「충돌하면 카운트하고 자기 자신을 지우는 스크립트(**OnCollision_CountAndHide**)」를 적용하고, [인스펙터 창]에서 [Target Object Name]에 여자 아이의 이름 「player2R_0」을 설정합니다. 이로써 「여자 아이와 충돌하면 카운트를 증가시키고 사라지는 초밥」이 완성됐습니다.

Figure : **10.4.6**

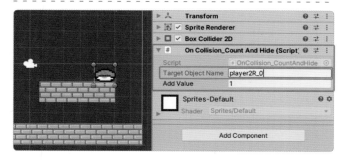

⑧ 이 「초밥」을 프리팹으로 합시다. [하이어라키 창]의 「초밥(item_08)」을 오른쪽 클릭하고, 「rename」을
선택한 후, 「sushi」로 다시 이름을 붙입니다.
바뀐 이름의 「초밥 프리팹」을 [프로젝트 창]에 드래그 앤 드롭합니다.

Figure : **10.4.7**

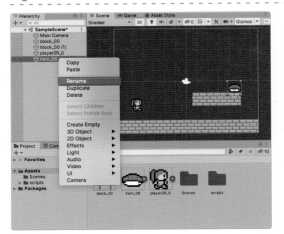 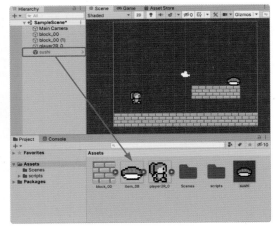

⑨ 이 「sushi 프리팹」을 [씬 뷰]에 드래그 앤 드롭해서 두 개 더 추가합니다. 이로써 초밥이 3개가 됐
습니다.

Figure : **10.4.8**

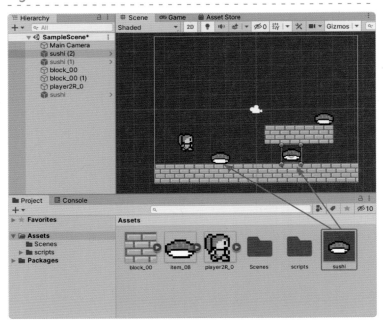

⑩ 메뉴의 [Gameobject]→[UI]→[Text]를 선택해서 UI 텍스트를 만듭니다. [렉트 툴]에서 「위치」와 「크기」
를 변경하고, [인스펙터 창]에서 「문자열」, 「문자 크기」, 「문자색」을 변경합니다.

Figure : **10.4.9**

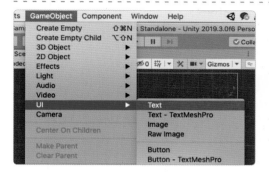
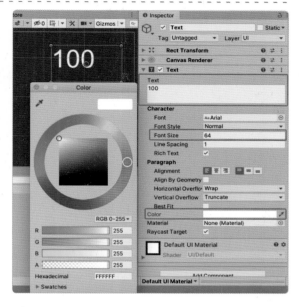

⑪ 「UI 텍스트」에 「카운터 본체(GameCounter)」와 「계속 카운터 값을 표시하는 스크립트(**Forever_
ShowCount**)」를 적용합니다.

Canvas와 UI 텍스트가 겹쳐 있으므로 [하이어라키 창]의 이름 쪽으로 드래그 앤 드롭하면 적용하
기 쉽습니다.

Figure : **10.4.10**

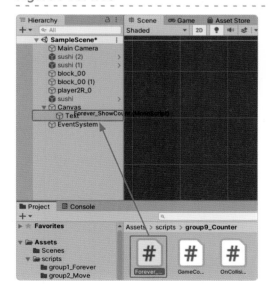

⓬ 「Play」 버튼을 눌러 봅시다. 이동해서 「초밥」에 닿으면 먹고, 초밥을 먹은 만큼 점수가 증가하는 무비가 완성됐습니다.

Figure : **10.4.11**

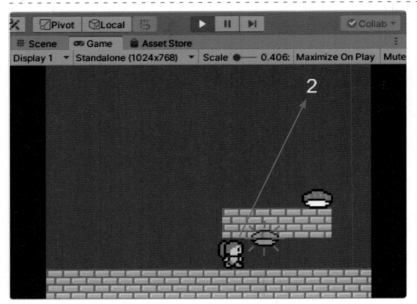

카운터가 OO이 되면
OO한다

카운터가 OO이 되면 씬을 전환한다

마지막으로 「카운터가 최종값이 되면 씬을 전환하는 스크립트」를 만듭니다.

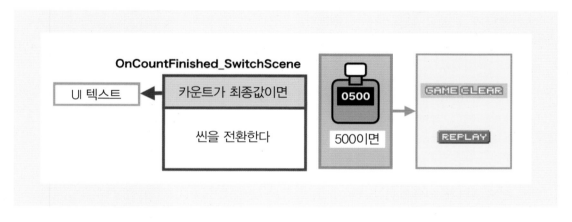

이것은 챕터7의 「무언가와 충돌하면 씬을 전환하는 스크립트(**OnCollision_SwitchScene**)」과 비슷하므로 이것을 참고로 만들 수 있습니다.

「무언가와 충돌하면」의 부분을 「카운터가 최종값이 되면」으로 변경합니다. 계속 카운터 값을 조사해서 어느 값이 됐을 때에 씬을 전환하는 명령을 실행합니다.

[서식] 카운터가 최종값이 되면 씬을 전환한다

```
void FixedUpdate()
{
  if (GameCounter.value == lastCount)
  {
    SceneManager.LoadScene(sceneName);
  }
}
```

스크립트

「카운터가 최종값이 되면」「씬을 전환한다」이므로 클래스 이름(파일 이름)은 **OnCountFinished_SwitchScene**으로 했습니다.

```
using System.Collections;
using System.Collections.Generic;
using UnityEngine;
using UnityEngine.SceneManagement; // 씬 전환에 필요

// 카운터가 최종값이면 씬을 전환한다
public class OnCountFinished_SwitchScene : MonoBehaviour
{

    public int lastCount = 3; // 카운터의 최종값 : Inspector에 지정
    public string sceneName = ""; // 씬 이름 : Inspector에 지정

    void FixedUpdate() // 계속 시행한다
    {
        // 카운터가 최종값이 되면
        if (GameCounter.value == lastCount)
        {
            // 씬을 전환한다
            SceneManager.LoadScene (sceneName);
        }
    }
}
```

덤 스크립트

다운로드 파일에는 비슷한 스크립트로 「카운터가 OO이 되면 표시하는 스크립트(OnCountFinished_Show)」「카운터가 OO이 되면 지우는 스크립트(OnCountFinished_Hide)」「카운터가 OO이 되면 게임을 정지하는 스크립트(OnCountFinished_StopGame)」을 준비했습니다. 용도에 맞춰서 사용하세요.

[샘플 어플] 초밥 액션 게임

그럼 「초밥을 먹으면 점수가 증가하는 무비」를 개선해서 「가로로 스크롤하는 초밥 액션 게임」을 만들어 봅시다.

Figure : **10.5.1** 게임 화면

게임 규칙

- 「여자 아이」가 왼쪽 오른쪽 키로 왼쪽 오른쪽으로 이동, 스페이스 키로 점프합니다.
- 「초밥」을 먹으면 점수가 1 증가하고, 모든 「초밥」을 먹으면 「게임 클리어」입니다.
- 「유령」에 충돌하면 「게임 오버」입니다.

필요한 이미지

이 게임에 필요한 게임 오브젝트는 다음과 같습니다.

「벽돌(block_00)」 「여자 아이(player2R_0)」 「초밥(item_08)」 「유령(mouja_0)」 「게임 오버(gameover)」 「게임 클리어(gameclear)」 「리플레이(replay)」

필요한 스크립트

이 게임에 필요한 스크립트는 다음과 같습니다. 많이 필요한 듯하지만, 이제까지의 챕터에서 나온 단순한 스크립트뿐입니다. 그것들을 조합해서 게임을 만드는 것입니다.

- 「카운터 본체 (**GameCounter**)」
- 「계속 카운터의 값을 표시한다 (**Forever_ShowCount**)」
- 「충돌하면 카운터하고 자기자신을 지운다 (**OnCollision_CountAndHide**)」
- 「카운터가 최종값이 되면 씬을 전환한다 (**OnCountFinished_SwitchScene**)」
- 챕터9의 「키를 누르면 이동&점프한다 (**OnKeyPress_MoveGravity**)」
- 챕터9의 「계속 수평으로 카메라가 뒤쫓아 간다 (**Forever_ChaseCameraH**)」
- 챕터7의 「충돌하면 씬이 전환한다 (**OnCollision_SwitchScene**)」
- 챕터7의 「마우스로 터치하면 씬이 전환한다 (**OnMouseDown_SwitchScene**)」
- 챕터3의 「계속 수평으로 이동한다 (**Forever_MoveH**)」
- 챕터3의 「때때로 반전한다 (**Sometime_Flip**)」

① 「초밥을 먹으면 점수가 증가하는 무비」를 준비합니다.

Figure : **10.5.2**

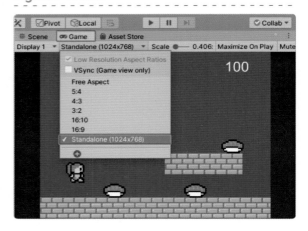

② 「Game」탭을 선택하고, 바로 아래의 메뉴에서 [Standalone(1024x768)]을 선택합니다.

③ 「Scene」탭을 선택하고, 씬 화면으로 전환합니다. 「Main Camera」를 선택하고, [인스펙터 창]의 [Camera]→ [Background]로 배경색을 선택합니다.

Figure : **10.5.3**

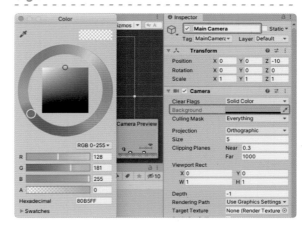

④ 스테이지를 넓게 합니다. 「벽돌」의 지면을 늘리거나 메뉴로부터 복사&붙여넣기해서 스테이지를 만듭시다.

Figure : 10.5.4

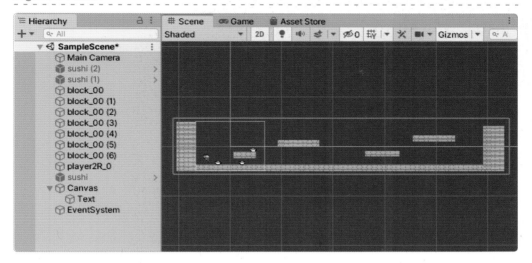

⑤ [프로젝트 창]의 「sushi 프리팹」을 [씬 뷰]에 7개 더 드래그 앤 드롭해서 총 10개의 초밥을 배치합니다.

Figure : 10.5.5

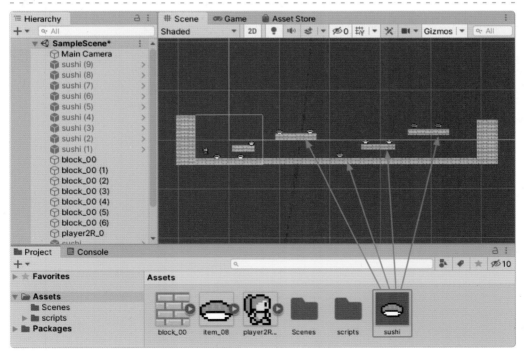

6 [씬 뷰]의 「여자 아이」에 「계속 수평으로 카메라가 뒤쫓아 간다(**Forever_ChaseGameraH**)」를 적용합니다. 이로써 「가로로 스크롤하는 게임」이 완성됐습니다.

Figure : **10.5.6**

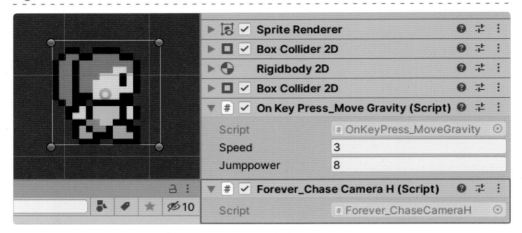

7 「유령(mouja_0)」 이미지를 [씬 뷰]에 놓고, [인스펙터 창]의 [Add Component]를 클릭한 후, [Physics 2D]→[Box Collider 2D], [Rigidbody 2D] 두 가지를 적용합니다.

Figure : **10.5.7**

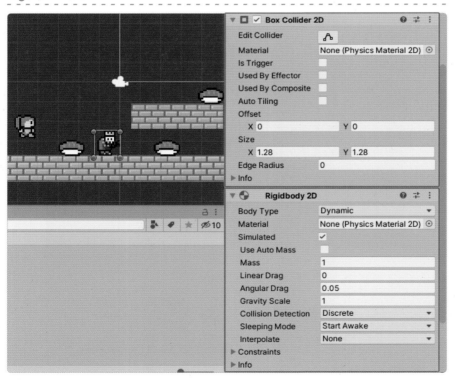

8 [씬 뷰]의 「유령」에 「계속 수평으로 이동한다(**Forever_MoveH**)」, 「때때로 반전한다(**Sometime_Flip**)」을 적용합니다. [인스펙터 창]에서 [Sometime_Flip] → [Max Count] 값은 100(50에 1초이므로 2초)으로 설정합시다. 이로써 「어슬렁거리는 유령」이 완성됐습니다.

Figure : **10.5.8**

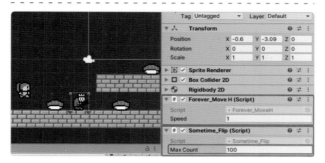

9 이 「유령」에 「충돌하면 씬이 전환한다(**OnCollision_SwitchScene**)」을 적용합니다. [인스펙터 창]에서 [Target Object Name]에 여자 아이의 이름 「player2R_0」, [Scene Name]에 다음 화면의 씬 이름 「sushigameover」를 설정합니다.

Figure : **10.5.9**

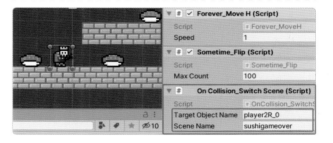

10 이 스크립트를 붙인 「유령」을 선택하고 메뉴에서 복사&붙여넣기해서 유령의 개수를 늘립니다.

Figure : **10.5.10**

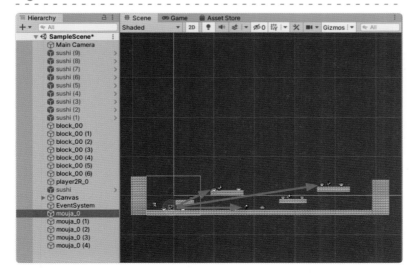

⑪ UI 텍스트에는 「카운터가 최종값이 되면 씬을 전환한다 (**OnCountFinished_SwitchScene**)」을 적용합니다. [인스펙터 창]에서 「Last Count」에 「10」, 「Scene Name」에 **sushigameclear**를 설정합니다. 이로써 「카운터가 10이 되면 게임클리어로 전환하는 구조」가 완성됐습니다.

Figure : **10.5.11**

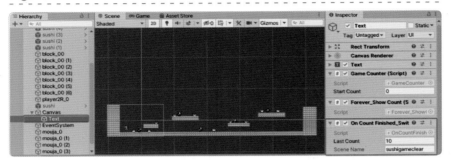

⑫ 이 씬에 이름을 붙여 저장합시다. 메뉴의 [File] → [Save As...]를 선택하고, 보존 대화상자의 [Save As:]에 「**sushigame**」이라고 붙여 저장합니다.

Figure : **10.5.12**

⑬ 게임 오버 씬을 만듭시다.

메뉴의 [File]→[New Scene]을 선택하고, 「게임 오버(gameclear)」와 「리플레이(replay)」 이미지 파일을 [씬 뷰]에 배치합니다.

⑭ [씬 뷰]의 「리플레이」에는 [인스펙터 창]의 [Add Component]을 클릭한 후, [Physics 2D]→[Box Collider 2D]를 적용하고, 또 「마우스로 터치하면 씬이 전환하는 스크립트(**OnMouseDown_SwitchScene**)」을 적용합니다. [인스펙터 창]의 「Scene Name」에 **sushigame**을 설정합니다.

Figure : **10.5.13**

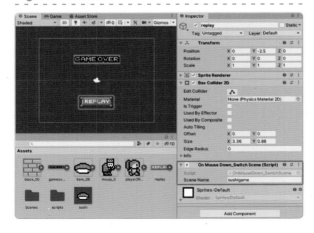

⑮ 이 씬에 이름을 붙여 저장합시다. 메뉴의 [File] → [Save As...]를 선택하고, 저장 대화상자의 [Save As:]에 「**sushigameover**」라고 붙여 저장합니다.

Figure : **10.5.14**

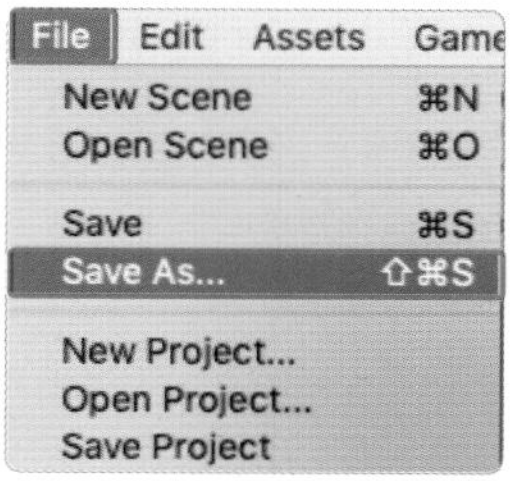

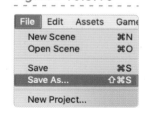

⑯ 게임 클리어 씬을 만듭시다.
메뉴의 [File]→[New Scene]을 선택하고, 「게임 클리어(gameclear)」와 「리플레이(replay)」 이미지 파일을 [씬 뷰]에 배치합니다.

⑰ [씬 뷰]의 「리플레이」에는 [인스펙터 창]의 [Add Component]을 클릭한 후, [Physics 2D]→[Box Collider 2D]를 적용하고, 또 「마우스로 터치하면 씬이 전환하는 스크립트(**OnMouseDown_SwitchScene**)」을 적용합니다. [인스펙터 창]의 「Scene Name」에 「**sushigame**」을 설정합니다.

Figure : **10.5.15**

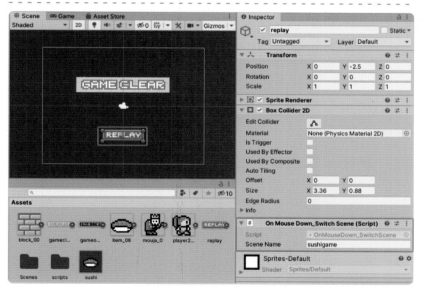

⑱ 이 씬에 이름을 붙여 저장합시다. 메뉴의 [File] → [Save As...]를 선택하고, 저장 대화상자의 [Save As:]에 [**sushigameclear**]로 이름 붙여서 저장합니다.

Figure : **10.5.16**

⑲ 메뉴의 [File]→[Build Settings...]를 선택하고, 대화상자의 [Scenes In Build]에 사용하는 세 개의 씬
sushigame, sushigameover, sushigameclear를 추가합니다.

Figure : 10.5.17

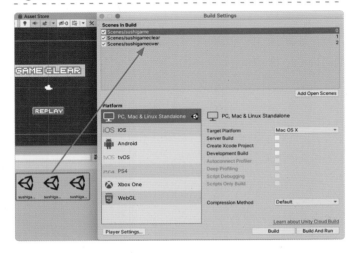

⑳ 이로써 게임이 완성됩니다. 「sushigame」 씬을 더블 클릭해서 열고, 「Play」 버튼을 눌러 봅시다.
유령에 닿으면 게임 오버, 모든 초밥을 먹으면 게임 클리어할 수 있는 게임이 동작합니다. 리플레이
버튼을 적용하면 몇 번이라도 게임을 플레이할 수 있습니다.

Figure : 10.5.18

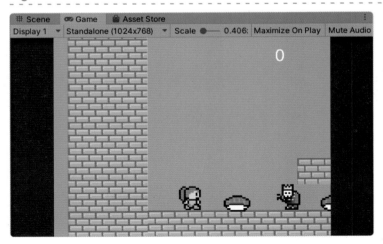

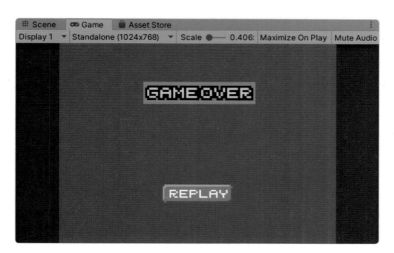

다운로드 파일에는 덤 프로젝트로서 이 게임에 기능을 더한 버전 「sushigameSP」을 씬으로서 준비했습니다.

캐릭터가 애니메이션으로 움직이거나 단차 부분이 옆에서 붙지 않게 하거나 아래에서 빠져나갈 수 있도록 했습니다.

스크립트 알림표

Group 1 계속

계속 수평으로 이동한다 Forever_MoveH
계속 수직으로 이동한다 Forever_MoveV
계속 회전한다 Forever_Rotate
때때로 돈다 Sometime_Turn
때때로 반전한다 Sometime_Flip

Group 2 이동

키를 누르면 스프라이트가 이동한다 OnKeyPress_MoveSprite
키를 누르면 이동한다 OnKeyPress_Move
계속 뒤쫓아 간다 Forever_Chase
계속 도망간다 Forever_Escape
키를 누르면 스프라이트가 수평으로 이동한다 ※ OnKeyPress_MoveSpriteH

Group 3 충돌

충돌하면 지운다 OnCollision_Hide
충돌하면 표시한다 OnCollision_Show
충돌하면 게임을 정지한다 OnCollision_StopGame
계속 수평 방향으로 이동하다 충돌하면 반전한다 Forever_MoveH_OnCollision_Flip
계속 수직 방향으로 이동하다 충돌하면 반전한다 ※ Forever_MoveV_OnCollision_Flip
충돌하면 지운다 ※ OnMultiCollision_Hide
충돌하면 표시한다 OnMultiCollision_Show

Group 4 마우스로 터치

터치하면 지운다 OnMouseDown_Hide
터치하면 회전한다 OnMouseDown_Rotate
터치하면 룰렛처럼 회전한다 OnMouseDown_Roulette
터치하면 게임을 정지한다 ※ OnMouseDown_StopGame
터치하면 애니메이션을 재생 및 정지한다 ※ OnMouseDown_StartStop

Group 5 애니메이션

키를 누르면 애니메이션을 전환한다 OnKeyPress_ChangeAnime
터치하면 애니메이션을 전환한다 ※ OnMouseDown_ChangeAnime
충돌하면 애니메이션을 전환한다 ※ OnCollision_ChangeAnime

Group 🎞️ 씬 전환

터치하면 씬이 전환한다 OnMouseDown_SwitchScene
충돌하면 씬이 전환한다 OnCollision_SwitchScene

Group 🎞️ 프리랩

터치하면 거기에 프리랩을 만든다 OnMouseDown_CreatePrefab
때때로 범위 내에 랜덤으로 프리랩을 만든다 Sometime_RandomCreatePrefab
키를 누르면 근처에 프리랩을 만든다 ※ OnKeyPress_CreatePrefab
충돌하면 거기에 프리랩을 만든다 ※ OnCollision_CreatePrefab
시간이 경과하면 자신을 삭제한다 OnTimeout_DestroyMe
화면 밖으로 나오면 자신을 삭제한다 ※ OnOutsideScene_DestroyMe
충돌하면 자신과 상대를 삭제한다 ※ OnCollision_Destory
충돌하면 자신을 삭제한다 ※ OnCollision_DestoryMe

Group 🎞️ 중력

키를 누르면 이동한다 (중력 대응 시험판) OnKeyPress_TestMoveGravity
키를 누르면 이동한다 (중력 대응판) OnKeyPress_MoveGravity
계속 뒤쫓아 간다 (중력 대응판) ※ Forever_ChaseGravity
위 키를 누르면, 프리랩을 만들고 던진다 OnUpKeyPress_Throw
계속 카메라가 뒤쫓아 간다 Forever_ChaseCamera
계속 카메라가 수평으로 뒤쫓아 간다 Forever_ChaseCameraH

Group 🎞️ 카운터

카운터 본체 GameCounter
계속 카운트 값을 표시한다 Forever_ShowCount
충돌하면 카운트하면 카운터를 증가하고 자신을 지운다 OnCollision_CountAndHide
충돌하면 카운트를 증가한다 ※ OnCollision_Count
터치하면 카운트를 증가한다 ※ OnMouseDown_Count
카운트가 최종값이 되면 씬을 전환한다 OnCountFinished_SwitchScene
카운트가 최종값이 되면 표시한다 ※ OnCountFinished_Show
카운트가 최종값이 되면 지운다 ※ OnCountFinished_Hide
카운트가 최종값이 되면 게임을 정지한다 ※ OnCountFinished_StopGame

Group 🎞️ 기타

계속 마우스를 뒤쫓아 간다 ※ Forever_ChaseMouse
스프라이트에 적용하면 마우스에 붙어서 움직입니다. 마우스 커서와 조준 등을 만들 수 있습니다.
터치하면 드래그한다 ※ OnMouseDown_DragStart
리지드바디를 적용한 오브젝트에 적용하면 드래그할 수 있습니다.

※ 마크가 붙어있는 것은 이 책에서는 설명하지 않지만, 참고로 덧붙인 스크립트입니다. 다른 스크립트를 참고해 사용하세요.

인덱스

메모

유니티를 몰라도 만들 수 있는

유니티 2D 게임 제작

1판 1쇄 발행 2021년 2월 19일
1판 3쇄 발행 2023년 3월 24일

저　　자 | 모리 요시나오
역　　자 | 김은철, 유세라
발 행 인 | 김길수
발 행 처 | ㈜영진닷컴
주　　소 | (우)08507 서울 금천구 가산디지털1로 128
　　　　　 STX-V타워 4층 401호
등　　록 | 2007. 4. 27. 제16-4189호

©2021., 2023. ㈜영진닷컴

ISBN | 978-89-314-6340-8

YoungJin.com **Y.**
영진닷컴

영진닷컴
프로그래밍 도서

영진닷컴에서 출간된 프로그래밍 분야의 다양한 도서들을 소개합니다.
파이썬, 인공지능, 알고리즘, 안드로이드 앱 제작, 개발 관련 도서 등 초보자를 위한 입문서부터
활용도 높은 고급서까지 독자 여러분께 도움이 될만한 다양한 분야, 난이도의 도서들이 있습니다.

스마트 스피커
앱 만들기

타카우마 히로노리 저 | 336쪽
24,000원

호기심을 풀어보는
신비한 파이썬 프로젝트

LEE Vaughan 저 | 416쪽
24,000원

나쁜 프로그래밍
습관

칼 비쳐 저 | 256쪽
18,000원

유니티를 이용한
VR앱 개발

코노 노부히로, 마츠시마 히로키,
오오시마 타케나오 저 | 452쪽
32,000원

하루만에 배우는
안드로이드 앱 만들기
2nd Edition

서창준 저 | 272쪽
20,000원

퍼즐로 배우는
알고리즘
with 파이썬

Srini Devadas 저 | 340쪽
20,000원

돈 되는
안드로이드
앱 만들기

조상철 저 | 512쪽
29,000원

IT 운용 체제 변화를 위한
데브옵스 DevOps

카와무라 세이고, 기타노 타로오,
나카야마 타카히로 저 | 400쪽
28,000원

게임으로 배우는
파이썬

다나카 겐이치로 저 | 288쪽
17,000원

수학으로 배우는
파이썬

다나카 카즈나리 저 | 168쪽
13,000원

텐서플로로 배우는
딥러닝

솔라리스 저 | 416쪽
26,000원

그들은 알고리즘을
알았을까?

Martin Erwig 저 | 336쪽
18,000원